当二手房遇上法律

中房经联　主编

中国建筑工业出版社

图书在版编目（CIP）数据

当二手房遇上法律/中房经联主编. —北京：中国建筑工业出版社，2016.5
ISBN 978-7-112-19437-7

Ⅰ.①当… Ⅱ.①中… Ⅲ.①房地产法-法律解释-中国 Ⅳ.①D922.181.5

中国版本图书馆CIP数据核字（2016）第103214号

本书由一线房地产经纪法律工作人员撰写，针对房地产二手房交易和租房阶段的相关法律问题进行解读。内容涵盖房屋交易委托阶段、房屋交易定金支付阶段、房屋交易签约阶段、房屋交易履约阶段和房屋交易涉及解约、诉讼阶段。法律条文、内涵分析清楚、易懂，辅助案例解析和思考题实际、明了，是房地产从业人员的优质学习材料。

责任编辑：封　毅　周方圆
书籍设计：京点制版
责任校对：李美娜　张　颖

当二手房遇上法律
中房经联　主编

*

中国建筑工业出版社出版、发行（北京西郊百万庄）
各地新华书店、建筑书店经销
北京京点图文设计有限公司制版
北京建筑工业印刷厂印刷

*

开本：787×1092 毫米　1/16　印张：12¾　字数：299 千字
2016 年 8 月第一版　2016 年 9 月第四次印刷
定价：25.00 元
ISBN 978-7-112-19437-7
　　（28612）

版权所有　翻印必究
如有印装质量问题，可寄本社退换
（邮政编码 100037）

编委会

编委会委员（按姓名字母排序）

胡景晖　梁文华　卢　航　缪寿建　单一刚
王爱静　信泓浚

参编人员（按姓名字母排序）

陈宝海　陈双美　董晓峰　董晓瑞　伏晶晶
付博娟　高　畅　高　强　高革群　高立新
胡　颖　霍立芳　姬晴晴　姜　博　孔　丹
雷楚芸　冷宇虹　李珊珊　林红梅　刘冰冰
刘玉芝　卢艳华　路亚华　牛红霞　钱焕章
容卓凝　孙凤起　孙笑竹　唐广娟　王　萌
许雯燕　闫春翠　闫松松　杨　静　于　雪
曾丽华　张晨婷　张继勋　张美馨　周　菲
周　琦　朱　泠　朱　英　朱政先

序 一

在中国，房地产经纪行业是一个诞生仅二十余年的新兴行业，但也是一个成长迅速、充满希望的朝阳行业。在发达国家，房地产行业基本已从以新房开发和交易为主的开发时代进入到了以二手房交易为主的后开发时代，他们的房地产市场几乎都是存量房市场，而房地产经纪行业在其中发挥着举足轻重的作用。以美国为例，房地产交易90%都是二手房买卖，佣金率高达5%～6%，房产经纪人也是一个颇受社会尊重的职业。

在中国的房地产格局中，虽然北上广深等一线城市的二手房交易量自2009年起就超过了新房，但其他城市整体的二手房交易量目前还只占市场交易总量的不足40%，全中国的二手房GMV（成交总额）只有新房的一半，佣金率仅为2%左右。相比发达国家，我们还有着非常广阔的成长空间。所以，中国房地产未来的核心在二手房市场，中国房地产未来的主角是房地产经纪企业。

不过，目前国内的存量房交易存在诸多风险、容易产生纠纷。一方面，与新房交易和其他传统交易相比，存量房交易本身非常复杂，且大部分是自然人与自然人之间的交易，其权属关系、适用法律、税费、业主等情况千差万别，很难有一个标准化流程。另一方面，国内房地产经纪行业立法相对滞后，迄今为止依然没有一部规格高、效力强的上位法，现实交易中基本只能参照《民法》、《合同法》、《物权法》及其他一些相关的案例来履行，法律的缺失增加了交易的潜在风险。总之，交易的复杂性和法律的不完善给今天国内的存量房交易双方带来了许多不确定风险，致使二手房交易过程中纠纷频发、买卖双方利益保障性不高，而从事二手房交易的经纪公司也深受困扰。

在本书中，我们希望通过对大量案例、判例中相关法律关系的分析、探讨和总结，帮助房地产经纪公司在存量房交易的业务操作中提升法律认知和操作水平，切实降低买卖双方的风险，使经纪公司的经营行为更加合规合法，避免在交易过程中产生纠纷。我们也希望通过这本书为未来的行业规范发展和行业立法进程积累更多素材，在指导经纪公司日常交易的同时，也能有益于行业的长远发展。

作为本书的主编单位，中国房地产经纪同业联盟成立以来，始终以"平等、互惠、合作、共赢"为宗旨，立足房地产经纪行业，致力于推动房地产经纪行业生态链所包含的各业态之间、各城市之间、各企业之间的交流、协调与合作，同时增进国内与国际各行业组织同行之间的对话交流与业务联系，促进行业发展。这部书是中房经联践行自身宗旨的硕果，也是中房经联为行业所作出的贡献。

  最后，我们要感谢为本书提供案例的我爱我家、链家、北京埃菲特、烟台惠百家、济南孚瑞地产、西安海汇、大连好旺角房屋等经纪公司和机构，衷心希望这部书能够成为业内交流、研习、提高的资料汇总，从而推动行业的合法规范经营，为行业立法提供依据和素材。

中国房地产经纪同业联盟
首任轮值主席 胡景晖
2016 年春于北京

序 二

记得链家的法务团队一直有着一个美好而又朴素的愿景:"希望我们行业的经纪人能像律师一样出现在客户面前"。当中房经联秘书长王爱静女士给我这本书稿时,我难掩内心的喜悦,毕竟我们离愿景又近了一步。

2015 年是值得中国房地产经纪行业铭记的一年。这一年,行业变革风起云涌,业内企业纵横联合谋求突破,互联网企业试图颠覆行业,资本的橄榄枝开始抛向行业。但这些都不重要,重要的是 2015 年是中国职业房地产经纪人开始出现的元年。

今天,我们正面临着房地产在中国大陆逐步进入存量房占主导的市场,以及互联网将深刻影响这个行业的两个机会,房地产服务产业将为此发生巨变,其中行业核心的服务提供者——房地产经纪人的职业水准是巨变产生的重要推动力,但纵观行业近二十年发展历史,真正职业房地产经纪人积累下来的却很少。

什么是职业房产经纪人呢?职业房地产经纪人评价核心就是职业操守和专业能力:职业操守就是对客户、对同事要言而有信,诚实不骗人,要信息共享、所知尽告;专业能力就是言之有据的能力,是服务时间的沉淀和积累。

国际对比来看,美国 3 亿多人口,对应 100 万左右全职经纪人,平均每 300 个美国人有 1 个职业经纪人提供服务。即便考虑到中国更高的人口密度,预计未来均衡状态下,中国将需要 100 万左右的职业化经纪人服务于中国 2.5 亿个城镇家庭,服务于中国城市家庭的 150 万亿元房屋资产。由此可见,一批真正的职业房地产经纪人何等重要。

二手房交易由于物件本身交易额的巨大以及交易流程复杂,天然蕴含了权属风险、资金风险、合同风险、履约风险等四大风险,这些都有赖于职业房地产经纪人在房产交易过程中,小心翼翼地为买卖双方规避风险。而要成长为职业经纪人,除了基本的底线约束和经纪人准入机制,学习机制也非常重要,学习教材的配套和完善是其中基础。对比之下,美国经纪人学习的课程包括《房地产经济学》、《房地产经纪学》、《房地产金融学》、《通用会计学》、《房地产法》、《房地产资产管理》、《物业管理》、《房地产估价》;日本经纪人也需要学习建筑、法律、税费、评估等相关知识,并通过严格的考试;而中国经纪人今天的学习内容很多还停留在话术阶段。

这本书是行业内第一本由企业优秀法务人员撰写完成的二手房专业法律书籍，本书呈现的典型交易案例，绝大部分是作者们亲身经历的。这本书从人、房、合同出发，站在经纪人实际作业角度，系统梳理房地产交易流程，提出实操性极强的交易风控措施，并深入阐述了背后的法律依据，让每一位房地产经纪人通过学习能够"知法懂法用法"，在实际作业过程中融会贯通。

这本书不是一本能够轻松阅读的书，尽管作者们已经尽量采用平实易懂的法律语言，但系统学习房地产经纪行业的法律知识，提高自身的法律素养，是每一位立志成为职业房地产经纪人的从业人员的必由之路。

最后感谢中房经联花费大量的时间和精力，组织行业内优秀法务人员撰写出版本书，这势必将推动行业的规范经营、从业人员专业能力的提升。职业房地产经纪人时代已经到来，我们一起拥抱变革、持续学习，服务好每一位消费者，并赢得我们这个行业应有的尊严和尊重。

链家集团常务副总裁

王拥群

2016 年 6 月于北京

前言

本书是围绕房地产交易环节阐述法律问题的一本专业房地产经纪法律书籍。

作为一个从事并热爱房地产经纪行业达16年的房地产从业者，最希望看到的场景：活跃在大街小巷，人数达160万左右的房地产经纪人在作业中提现专业度、在与人交往中从容大方诚恳、在为每个客户完成家业梦想时得到尊重与满足；为了使更多的这样的场景早日实现，为了提升房地产经纪行业从业者的专业度，作为房地产经纪行业自己的组织——中房经联聚集成员力量、凝聚大家智慧组织编辑本书；

社会的进步离不开创新以及创新的传播，房地产经纪行业的发展亦是如此。在这本书的诞生过程中充分体现了这些创新点：

一是具有行业代表性、广泛性。本书是首部房地产经纪行业同行一起研讨并汇聚资源与信息完成的图书，如编书项目小组设定专题向35个城市50多家企业收集发生的已经被法院宣判的实际交易案例，在案例收集编撰过程中关注了地域的差异性、所发生案件的典型性；

二是具有实用性、专业性。目前还没有一本专门的房地产交易条例或者类似法规汇总，在实际的交易行为哪些问题涉及法律的边界是很难说清楚的。而这本书将各个实际发生并有宣判的法律案件融入并还原到房地产经纪交易环节中，给从业者很好的法律指导意见，是防范房地产经纪交易风险的法律宝典；

三是具有可读性、通俗易懂。通过交易场景再现的方式，揭示房地产交易的法律专业问题。每个法律专题均有导读部分、法律风险提示、案例、思考题、法律条文五个部分组成。做到有理有据，可谓问题解决专家。

"有什么样的我们就有什么样的房地产经纪行业"，行业因您而不同；让我们更多地为行业创新并传播创新！

开卷有益，这本书会让您成为房地产经纪法律达人！

本书得以顺利地呈现在各位面前，要感谢中房经联成员提供翔实丰富的案例；感谢以路亚华先生、孙笑竹女士带领项目团队辛苦工作；感谢中国建筑工业出版社编辑封毅女士、周方圆女士；感谢中房经联秘书处胡颖女士做了大量的沟通联系工作；特别感谢中房经联主席胡景晖先生、感谢链家集团常务副总裁王拥群先生为本书著序！最后，特别感谢正在看这本书的您，您的认可与支持是我们的力量之源。

中房经联秘书处
王爱静
2016 年 7 月于北京

目 录

买卖篇

一、房屋交易委托阶段

专题1 民事行为能力 2
 一、民事行为能力的法律基本概念及分类 2
 二、限制/无民事行为能力人不合规签约的法律风险 4
 案例解析——精神分裂症签署的购房合同能够履行吗？ 4
 三、完全/限制/无民事行为能力人应当如何出售/购买房屋 7
 四、思考题 8
 五、民事行为能力相关法律条文 8

专题2 代理人 9
 一、代理和代理人的法律基本概念及后果承担 9
 二、无代理权的法律风险 11
 案例解析——父女反目，女儿擅自出售病榻上父亲的房屋反获赔偿 12
 三、表见代理概念及法律后果 13
 案例解析——购房后无故惹纠纷，惊现房主公证委托书作假，能否保住房子？ 14
 四、委托代理人应当如何出售/购买房屋 15
 五、思考题 15
 六、代理权相关法律条文 16

专题3 共有权人 17
 一、共有权的法律基本概念 17
 二、未经共有权人同意出售房屋的法律风险或后果 18

  案例解析——以配偶不同意出售房屋为由试图违约的后果..................18

  案例解析——结婚登记在先，房本下发在后，是夫妻共有财产吗?..........19

  三、思考题..20

  四、共有权相关法律条文..21

专题4 公司产权..22

  一、公司产权房屋的法律基本概念....................................22

  二、公司出售/购买房屋的方法......................................22

  三、思考题..23

  四、公司产权相关法律条文..24

专题5 外籍及港澳台人士购房..25

  一、外籍及港澳台人士的基本概念....................................25

  二、外籍人士的签约风险..25

  案例解析——外籍人士不具备购房资质，法院判退中介费................25

  三、外籍及港澳台人士如何出售/购买房屋............................28

  四、思考题..29

  五、外籍及港澳台人士相关法律条文..................................29

专题6 出租房屋交易..30

  一、出租房屋的基本概念及一般原则性法律规定........................30

  二、过户后不能交房的法律风险或后果................................32

  案例解析——出售人将"未带租约"的房屋出售给购房人，无法交房终赔偿......32

  三、出售/购买已被出租房屋的注意事项..............................33

  四、思考题..34

  五、出租房屋相关法律条文..35

专题7 经济适用住房..36

  一、经济适用住房的法律基本概念....................................36

  案例解析——签约时未说明是经济适用住房，签约后发现不能按期过户的法律后果.....36

  二、出售/购买经济适用住房的注意事项..............................38

  三、思考题 38

  四、经济适用住房的相关法律条文 39

专题8 已购公房 40

  一、已购公房的法律概念 40

  二、出售/购买已购公房方式 40

  三、思考题 43

  四、已购公有住房相关法律条文 43

专题9 央产房 45

  一、央产房的法律概念 45

  二、签约后发现无法办理央产上市的法律风险或后果 46

  案例解析——未办央产上市要担责 46

  三、思考题 47

  四、央产房相关法律条文 48

专题10 学区房 49

  一、学区房的基本概念 49

  二、学区房交易风险 49

  三、出售/购买学区房的注意事项 50

  四、思考题 52

专题11 继承房屋 53

  一、继承的法律基本概念 53

  二、继承的顺序及相关法律概念 53

  三、签约后无法办理继承公证的法律风险或后果 54

  案例解析——已故老人为出卖人，合同被判无效 54

  四、未经其他继承人同意出售房屋的法律风险或后果 55

  案例解析——擅自处分引发的合同无效 56

  五、出售/购买涉及继承房屋的方式 57

  六、思考题 58

七、继承相关法律条文 58

专题12　赠与房屋 59

　　一、赠与房屋的法律基本概念 59

　　二、出售/购买涉及赠与房屋的注意事项 60

　　三、思考题 60

　　四、房屋赠与的相关条文 61

二、房屋交易定金支付阶段

专题13　定金 63

　　一、定金的概念 63

　　二、定金罚则的法律概念及适用 63

　　三、签署定金协议的注意事项 64

　　案例分析——交易未谈妥，法院判退定金 65

　　四、定金相关法律条文 66

专题14　定金支付 67

　　一、定金支付的注意事项 67

　　二、支付定金后违约不再购买的法律风险或后果 67

　　案例解析——支付定金后违约不买主张返还定金能被支持吗？ 68

　　三、思考题 69

　　四、定金支付相关法律条文 70

三、房屋交易签约阶段

专题15　贷款购房 71

　　一、购房贷款的基本概念 71

　　案例解析——购房贷款不能及时到位导致房屋买卖合同出现纠纷 72

　　二、办理购房贷款时需注意的事项 73

　　三、思考题 74

四、贷款购房相关法律条文 75

专题16　购房资质 76

一、购房资质的基本概念 76

案例解析——无购房资质要求解约，反被判赔偿15万元 77

二、限制购房资质时出售/购买房屋的注意事项 78

三、思考题 78

四、购房资质相关政策性文件 78

专题17　网签 80

一、网签的基本概念 80

二、网签的操作流程 80

三、办理网签的相应风险 81

四、办理网签的注意事项 82

五、网签的相关政策性文件 83

专题18　连环单 84

一、连环单概念及分类 84

二、连环单的法律风险 84

案例解析——出售人换房未成，购房人赔偿损失 85

三、连环单交易风险的防范 86

四、思考题 87

五、违约责任相关法律条文 88

专题19　交易房屋有抵押 89

一、房屋抵押的基本概念 89

案例解析——出售人不能解押的法律风险 90

二、出售/购买有抵押房屋的方式 92

三、思考题 93

四、房屋抵押相关法律条文 93

专题20　交易房屋被查封 95

一、交易房屋被查封的基本概念及类型 95

　　二、交易房屋被查封的法律风险 95

　　案例解析——签前查封房之法院判例 96

　　案例解析——签后房屋之法院判例 97

　　三、交易被查封的房屋 98

　　四、思考题 99

　　五、关于房屋被查封相关法律条文 100

专题21　凶宅 102

　　一、凶宅的概念 102

　　案例分析——笼罩婚房的凶宅阴影 103

　　二、凶宅交易 105

　　三、思考题 105

　　四、合同撤销和解除相关法律条文 106

专题22　合同签署方法及标准 107

　　一、房地产交易合同的一般性必备条款 107

　　二、合同签署不规范导致合同不能继续履行 108

　　案例解析——合同签署不明确咋办？解约？赔偿？ 109

　　三、签署房地产交易合同的注意事项 110

　　四、思考题 112

　　五、相关法律条文 112

四、房屋交易履约阶段

专题23　合同履约 113

　　一、履约行为的法律基本概念 113

　　案例解析——出售人未及时提供公证授权委托书致房屋买卖合同被解除 115

　　二、房屋交易履约过程的注意事项 116

　　三、思考题 117

四、合同履行相关法律条文 118

专题24　违约责任 120

　　一、违约责任的法律概念及分类 120

　　案例解析——违约后是否认赔定金就可以? 122

　　二、违约行为的处理 124

　　三、思考题 125

　　四、违约责任相关法律条文 125

专题25　不可抗力 126

　　一、不可抗力的法律基本概念 126

　　案例解析——"房产新政"是否属于不可抗力 127

　　二、不可抗力的处理 129

　　三、思考题 129

专题26　房款支付 131

　　一、未如期支付房款应当承担的法律责任 131

　　案例解析——未按合同约定支付房款招来巨额损失 131

　　二、自行支付房款后房财两空 132

　　案例解析——自行付款房财两空悔终生 132

　　三、房款支付的风险 132

　　四、风险应对措施 133

　　五、房款支付注意事项 134

　　六、思考题 134

专题27　房屋过户 135

　　一、房屋过户的基本法律概念 135

　　二、未如期办理过户手续的法律责任 135

　　案例解析——未如期办理过户手续应承担的违约责任 135

　　三、房屋过户的注意事项 136

　　四、房屋未如期过户的处理方式 138

五、思考题 138

专题28　物业交割 140
　　一、未如期办理物业交割的责任 140
　　案例解析——未如期办理物业交割手续应当承担的法律责任 140
　　二、办理物业交割手续的注意事项 141
　　三、思考题 142

专题29　房屋交付 144
　　一、未如期交付房屋应当承担的法律责任 144
　　案例解析——出售人逾期交房，法院判决其承担违约责任 144
　　二、办理房屋交付的注意事项 145
　　三、思考题 146

专题30　户口迁出 148
　　一、未如期迁出户口应当承担的法律责任 148
　　案例解析——户口迁出纠纷之法院判例 148
　　二、关于户口迁出的注意事项 149
　　三、思考题 150

五、房屋交易涉及解约、诉讼阶段

专题31　解约 152
　　一、解约场景 152
　　二、解约方式 153

租赁篇

专题32　群租房 160
　　一、群租内涵 160
　　二、出租/承租房屋以作为"群租房"的法律风险或后果 162

三、群租房相关法律条文 164

专题33　经济适用住房租赁 165
　　一、什么是经济适用住房？ 165
　　二、经济适用住房出租的风险 166
　　三、经济适用住房租赁相关法律条文 167

专题34　廉租住房 169
　　一、廉租住房的基本概念及相关法律规定 169
　　二、出租/承租廉租住房的法律风险或后果 169
　　三、廉租住房租赁相关法律条文 171

专题35　二房东 172
　　一、什么是"二房东" 172
　　二、与无转租权的"二房东"订立房屋租赁合同的法律风险和后果 172
　　案例解析——罗某等诉李某等房屋租赁合同纠纷案 173
　　三、与"二房东"签订租赁合同的注意事项 175
　　四、思考题 176
　　五、"二房东"相关法律条文 177

专题36　商业店铺租赁 179
　　一、商业店铺概念 179
　　二、签署、履行商业店铺租赁合同的注意事项 179

专题37　违章建筑 183
　　一、违章建筑的法律概念 183
　　二、出租/承租违章建筑的法律风险或后果 183
　　三、违章建筑相关法律条文 185

买卖篇

一、房屋交易委托阶段

专题 1　民事行为能力

> **导读**
> 我买了一个房子，忽然出售人告诉我他常年患有精神病，说跟我签的房屋买卖合同是一份无效的合同，他说的是真的吗？我该怎么办？

一、民事行为能力的法律基本概念及分类

（一）什么是民事行为能力

民事行为能力是指民事主体能以自己的行为取得民事权利、承担民事义务的资格。以下详细地解释什么是民事行为能力。

1. 民事主体

民事主体，就是参与民事法律关系的主体，既可以是生而为人的自然人主体，也可以是依法成立、具备法律赋予之人格的法人主体。民事主体包括公民、法人和其他组织。比如，中国公民张三与 A 企业签署了一份采购合同，则张三与 A 企业都是民事主体。

2. 民事权利

法律规定民事权利是民事主体依法享有并受法律保护的利益范围或者实施某一行为（作为或不作为）以实现某种利益的可能性。这段话听起来很拗口，其实简单来说就是一句话：我作为自然人（或法人），合法享有的能够自由选择干什么、或者不干什么民事行为的权利。

例如：房屋产权人去世之后，其配偶、子女对于房屋享有继承的权利，同样也享有放弃继承的权利，这就是他们的民事权利。

3. 民事义务

民事义务，是指民事主体应该按照权利人的要求，从事一定行为，或不准从事一定行为，以满足权利人的利益要求。

通俗一点来说，绝大多数时候，凡是享有民事权利，都要承担相应的民事义务。例如：员工领取工资作为劳动报酬，是员工所享有的民事权利；但同时，员工必须按照公司的要

求完成自己的工作，这就是员工所负有的民事义务。同样，公司要求员工进行某项工作，这是公司所享有的民事权利；但同时，公司必须按照合同约定的期限向员工发放工资，这就是公司所负有的民事义务。

举一个例子，大家可能体会得更加深刻。如上文，房屋产权人的配偶、子女对于房屋享有继承的权利；那么相对应的是，在房屋产权人在世的时候，他们要对其承担赡养的义务，否则会影响其继承的份额，严重的话甚至会被取消继承权。

4. 民事行为能力

现在，我们对于民事行为能力，就应该很容易理解了。民事行为能力是一种能力，也可理解为一种资格，自然人或者法人具有了它，就能够享有民事权利和承担民事义务。

（二）民事行为能力的分类

根据《中华人民共和国民法通则》的相关规定，公民的民事行为能力根据民事主体的能力不同，包括"完全民事行为能力"、"限制民事行为能力"和"无民事行为能力"三种。

1. 完全民事行为能力

根据《中华人民共和国民法通则》第十一条规定，"十八周岁以上的公民是成年人，具有完全民事行为能力，可以独立进行民事活动，是完全民事行为能力人。十六周岁以上不满十八周岁的公民，以自己的劳动收入为主要生活来源的，视为完全民事行为能力人。"

因为按照我国国情来说，一般自然人在年满18周岁时视为成年人，智力、体格都已经发育完整，且能够具备劳动能力、能够凭借自己的劳动供养自己生活，而不是必须再依靠他人抚养方能生存。这种情况下，应当将其作为一个完全独立的人来对待，认可其智力、体力都足够支持他对事物具备真实的、独立的判断力，能够独立地享有民事权利和承担相应的民事义务。而如果已经年满16周岁，但已经能够以自己的劳动收入为主要生活来源的，也应当视同前者，给予相同的对待。具备完全民事行为能力的人，除了法律禁止的行为，都可以根据自己的自由意愿决定作为或不作为。

例如：一个年满18周岁的公民，在决定购买房屋的时候，应当能够对其所需要付出的价款具有清楚的认识；同时也应了解自己的付款能力和如果违约所需承担的违约责任。因此，法律上认可，年满18周岁且精神健全的公民可以自行签订房屋买卖合同。

2. 限制民事行为能力

根据《中华人民共和国民法通则》第十二、十三条规定，"十周岁以上的未成年人是限制民事行为能力人，可以进行与他的年龄、智力相适应的民事活动；其他民事活动由他的法定代理人代理，或者征得他的法定代理人的同意"、"不能完全辨认自己行为的精神病人是限制民事行为能力人，可以进行与他的精神健康状况相适应的民事活动；其他民事活动由他的法定代理人代理，或者征得他的法定代理人的同意。"

一般来讲，已满 10 周岁的未成年人，已经度过了生长、发育的最初阶段，智力水平有了适龄的发育水准；另外，其一般来说已经接受了一定的教育，对于事物也具备了一定认知和判断的能力。虽然其仍然需要依靠抚养才能生存，但是对于与自己年龄、智力相适应的民事活动，都应当具备相应的民事行为能力了。例如，购买文具、付费乘坐出租车出行等。

另外，有一些精神病人，虽然对事物的认识能力、对自己行为的判断能力受到了一定的影响，但并未完全丧失。那么民事法律上，也将其视为限制民事行为能力人，规定其可以从事与自己精神健康状况相适应的民事活动。例如，间歇性精神病人在未发病状态下，从事工作、购买生活用品等。

3. 无民事行为能力

根据《中华人民共和国民法通则》第十二、十三条规定，"不满十周岁的未成年人是无民事行为能力人，由他的法定代理人代理民事活动"、"不能辨认自己行为的精神病人是无民事行为能力人，由他的法定代理人代理民事活动"。

一般来说，未满 10 周岁的未成年人，处于生长、发育的最初阶段，智力水平普遍与成年人相差甚远；即使参与了学前教育、小学教育等，也尚属于启蒙阶段，与初中、高中生都有难以逾越的差距。因此，其不具备对事物的综合认识能力，也不具备对自己行为的准确判断能力，一般难以进行民事行为，故将他们归为无民事行为能力人。

同理，精神疾病较为严重的精神病人，其已经完全不能辨认自己的行为，也应当归为无民事行为能力人。

> 特别强调一点的是，虽然无民事行为能力人不具备民事行为能力，但是并不代表其什么都不能做。法律有明确规定，无民事行为能力人纯获法律上利益的行为，应认定其有效！例如，房屋产权人的儿子年仅 6 岁，依法应为无民事行为能力人；但若房屋产权人此时去世，其子仍然具有继承权，亦能够自己继承该房屋。

二、限制/无民事行为能力人不合规签约的法律风险

案例解析——精神分裂症签署的购房合同能够履行吗？

1. 事情经过

2013 年，时年 30 周岁的梁某找到 A 中介，要求购买一套位于北京市东城区的房屋。最终，在 A 中介的居间下，梁某与出售人李某于 2013 年 2 月 7 日就其位于北京市东城区某处房屋（以下简称交易房屋）签署了房屋买卖的相关协议。协议中约定，房屋成交总价款 380 万元；梁某作为购房人应当于签约当日向李某支付定金 1 万元，第一笔首付款

70万元。李某应于2013年4月1日前解除交易房屋现有抵押,梁某应当于房屋解押后2个工作日内支付第二笔首付款80万元,剩余房款以银行贷款方式支付。

2. 纠纷产生

签约之后,梁某依约于签约当日支付了定金1万元,第一笔首付款70万元。李某于2013年3月18日办理完毕交易房屋的解押手续后即短信通知梁某,但梁某未按合同约定支付第二笔首付款。之后,无论李某和A中介如何催促,梁某均拒绝付款。无奈之下,李某于2013年4月17日向梁某发出解除合同通知书。

梁某收到解除合同通知书后,一纸诉状将李某诉至北京市东城区人民法院。梁某诉称,其自2009年开始即患有精神分裂症,其购房行为未与家人协商;梁某本人在签署房屋交易合同时不具备民事行为能力,其与被告李某签署的房屋交易合同应属无效。故,梁某要求法院依法确认合同无效,并判决被告李某返还购房款71万元和赔偿利息损失31725.33元。

李某则认为,其曾经以原告梁某违约为由提起诉讼,原告母亲到场旁听时并未就梁某的民事行为能力提出异议;即使原告的民事行为能力确有问题,亦属原告及其法定代理人在缔约过程中存在过失,应当赔偿给李某造成的损失。故李某提起反诉,要求法院依法判决合同解除,并判决梁某赔偿其提前还款造成的利息损失50万元及其他各项损失35万元。

A中介作为第三人出庭陈述情况,认为梁某有工作单位,具备正常工作、生活的能力。在三方签署房屋交易合同时,梁某明显能够辨认自己的行为,对房款等都有自己的认知。即使梁某精神状况确有问题,也并非常人依照日常生活常识有能力判断。

3. 法院审理

在本案审理的过程中,双方分别申请法院进行了两次司法鉴定。

首先,原告梁某之母赵某作为其法定代理人,在北京市西城区人民法院提起特别程序之诉,申请宣告原告为无民事行为能力人。西城区法院依法委托医院对原告的精神状态、民事行为能力进行鉴定。2013年7月29日,该院出具《精神疾病司法鉴定意见书》,鉴定意见为:"被鉴定人梁某临床诊断精神分裂症,目前受异常精神状态的影响,意思表示能力丧失,应评定为无民事行为能力人。"据此,2013年8月1日,西城区法院依法宣告梁某为无民事行为能力人;随后梁某所在社区指定其母赵某为其法定监护人。

之后,2014年2月,李某申请对梁某在2013年2月7日签署房屋交易合同期间的民事行为能力进行鉴定。2014年2月24日,东城区人民法院委托法大法庭科学技术鉴定研究所进行鉴定。2014年9月30日,该所出具《法医学鉴定意见书》,鉴定意见为被鉴定人梁某诊断为精神分裂症,2013年2月7日签署房屋交易合同期间处于疾病期,评定为限制民事行为能力人。

另外,2015年1月,东城区人民法院依法到李某原贷款银行了解被告贷款的相关事宜;该行的工作人员介绍:之前李某贷款需偿还利息约为58853元,实际已经偿还99855.71元;如其现在再次贷款70万元,因贷款利率发生变化,其应当偿还的利息约为70余万元。

法院审理认为,依法成立的合同受法律保护。根据查明的事实,原告梁某经司法鉴定被确认为临床诊断精神分裂症，应评定为无民事行为能力人。其在与被告李先生签订房屋交易合同时亦为限制民事行为能力人。上述合同签订后，原告的法定代理人未对合同进行追认，故原告、被告于 2013 年 2 月 7 日签署的房屋交易合同应属无效合同；被告收取原告的定金及首付款 71 万元，应当返还。

同时，法院指出，因原告为限制民事行为能力人，故原告应当对于房屋交易合同无效负有主要责任。基于此，原告梁某无理由要求被告李某承担占有已付定金及首付款的利息损失，却应当赔偿被告因合同无效所受之利息损失。具体赔偿数额，由法院结合被告先前贷款偿还的利息及如其再次贷款需支付的利息等实际情况予以酌定。

4. 判决结果

最终，一审法院根据《中华人民共和国合同法》第九条、第四十七条、第五十八条之规定，判决原、被告签署的房屋交易合同无效；被告李某应当于判决生效后十五日内返还原告梁某定金及购房款人民币 71 万元。同时，部分支持了被告李某的反诉请求，判决原告梁某于判决生效后 15 日内赔偿被告李某因合同无效所受利息损失人民币 30 万元。

5. 法务分析

要理解本案的判决结果，就要先解决本案的争议焦点。本案的争议焦点可以归纳为两点：①原告、被告签署的房屋交易合同是否有效。②原告、被告各自应当承担什么样的责任。

（1）房屋交易合同是否有效？

无民事行为能力人和限制民事行为能力人是不能够独立进行与其年龄、智力和精神状况不相匹配的行为的。

那么，我们首先来分析一下本案中的原告梁某，其民事行为能力究竟如何。您可能对司法鉴定的结果看得有点糊涂："这人怎么一会儿是无民事行为能力人，一会儿是限制民事行为能力人，这个还能变来变去的吗？"这里我们要特别说明一下，精神病患者的民事行为能力，确实可能随其病情的发展变化而产生变化；甚至当其完全康复时，也有可能成为完全民事行为能力人。另外，精神病人的病情状况和民事行为能力，在外在表现和日常行为中，有时与常人无异。故此，对于精神病人民事行为能力的判断，不能以常识或简单的医院诊断进行判断，原则上来讲，要以具备专业鉴定资格的鉴定机构的结论为准。因此，梁女士在本案中，先在签订合同当时被认定为限制民事行为能力人，其后随着病情的发展，在本案审理的过程中被认定为无民事行为能力人，也是符合法律规定和事实情况的。

根据限制民事行为能力人的相关概念，如购买房屋这般重大的民事行为，肯定是与限制民事行为能力人的精神健康状况不相适应的；限制民事行为能力人要从事此类民事行为，必须由他的法定代理人代理，或者征得其法定代理人的同意，否则其民事行为应属无效。本案中，梁某已被认定为在签署房屋交易合同时属限制民事行为能力人；其签署合同的行为既未征得其法定代理人（梁母）的同意，亦非由梁母代理，故亦属无效。

综上所述，本案原告、被告签署的房屋交易合同应属无效。

（2）原、被告各自应当承担什么样的责任？

要想准确地判断本案的房屋出售人、购房人各自应当承担什么样的责任,就要先解释一下相应的法律规定。

《中华人民共和国合同法》第五十八条规定:"合同无效或者被撤销后,因该合同取得的财产,应当予以返还;不能返还或者没有必要返还的,应当折价补偿。有过错的一方应当赔偿对方因此所受到的损失,双方都有过错的,应当各自承担相应的责任"。

首先,既然合同无效了,那么被告李某作为房屋出售人,基于房屋交易合同而取得的财产,即定金1万元和购房款70万元就应该依法予以返还原告梁某。

其次,梁某身为限制民事行为能力人,其明知自己患有精神疾病而向A中介、李某隐瞒事实,是导致本案房屋交易合同无效的主要原因。故,梁某存在明显过错,应当赔偿被告李某因此所受到损失中的大部分。

因此,本案主审法院判决原告向被告赔偿损失30万元,于法有据,于理有依,符合事实。

三、完全/限制/无民事行为能力人应当如何出售/购买房屋

(一)如何判断民事主体是完全/限制/无民事行为能力人

1. 判断自然人民事主体的民事行为能力的方式

(1)审查其身份证件(如身份证、护照等),以判断其年龄是否已经成年。

(2)观察、询问其健康状况、生活情况、工作情况等,以判断其智力和精神状况是否健全。

(3)如果该自然人已经明确陈述其患有精神疾病、身体不健全或智力不健全等,则可要求其提供鉴定结论以证明其民事行为能力。

2. 判断法人民事主体的民事行为能力的方式

审核其营业执照、组织机构代码证等,以判断其是否已经依法成立并在合法存续状态。

(二)完全民事行为能力人应当如何出售/购买房屋

完全民事行为能力人可以独立地进行民事活动。如果可以认定房屋出售人/购房人是完全民事行为能力人的话,其就可以自己的名义独立签署合同并办理后续手续,如无意外情况,不受限制。

(三)限制/无民事行为能力人应当如何出售/购买房屋

出售/购买房屋均属重大民事行为,均是限制/无民事行为能力人所不能独立进行的。因此,如果可以认定房屋出售人/购房人是限制/无民事行为能力人的话,就必须要求

由其法定代理人代为签署合同和办理后续手续。

四、思考题

王某出生时即为严重的智力残疾，并领有残疾证。王某 40 岁时，她的父亲去世并留下一套房屋，经家人（王某母亲及两个姐姐）商议，为保证王某的生活，决定继承到王某个人名下。2 年后，因王某患上癌症，需要将其名下的房屋出售以换取治病所需的款项。王某的母亲找到经纪机构，要求出售房屋。

【问题】如果你是负责接待王母的经纪人，你认为应该走什么样的程序，才能合法有效地出售该套房屋？

【答案】作为本单的经纪人，应当告知王母，欲合法出售房屋，必须经过以下程序：

（1）宣告确认王某为无／限制民事行为能力人。

如前文我们所讲述的，对于智力发育不健全的成年人，有可能是无／限制民事行为能力人；而如何确定其民事行为能力，则必须经过法院的特别程序，进行司法鉴定和宣告方可确定。因此，王母可作为其近亲属，向王某户口所在地的人民法院提起特别程序，要求人民法院宣告其为无／限制民事行为能力人。

（2）确定王某的法定代理人。

在人民法院依法宣告王某的民事行为能力后，可要求王某户口所在地的居委会在王某的近亲属中为其指定法定监护人；该法定监护人即为王某的法定代理人。如果近亲属中存在争议、或居委会无法指定的，可申请人民法院指定。

（3）由王某的法定代理人出面，代理王某出售房屋。

五、民事行为能力相关法律条文

（一）《中华人民共和国民法通则》

详见第十一条、第十二条、第十三条、第十四条、第十七条、第十八条和第十九条。

（二）《中华人民共和国合同法》

详见第九条、第四十七条、第五十六条、第五十七条和第五十八条。

（供稿：孙笑竹）

专题2 代理人

> **导读**
> 在一些市场交易过程中，代理是普遍存在的现象。那么代理到底是什么意思？如果买了一个房子，来签约的是产权人的代理人。但现在产权人说，代理人提供的授权委托书是假的，他没有要卖房子。该怎么办？

一、代理和代理人的法律基本概念及后果承担

（一）代理的法律基本概念

1. 代理概述

代理是指代理人于代理权限内，以被代理人的名义实施民事行为，由此产生的法律效果直接或间接归属于被代理人的法律制度。

委托代理制度使人们不仅自己参加民事活动，而且可以利用他人的能力及专业知识进行民事活动，从而扩展了人们从事民事活动的范围，有效降低交易成本，而且为人们更好地参与社会经济活动提供了极大的便利。

> **注意**
> 并非所有的法律行为都能够代理，如结婚、离婚、收养等身份行为因其具有专属性而不得代理。

2. 一般情况下代理关系中各方的责任承担

在代理制度中，以他人名义为他人实施民事行为的人，为代理人。由他人代为实施民事行为的人，称为被代理人，也称本人。与代理人实施民事行为的人，称为第三人。被代理人对代理人的代理行为，承担民事责任。

例如：李平委托马辉去服装厂采购大批女装，马辉以李平的名义与服装厂签订女装买卖合同。那么李平为被代理人，马辉为代理人，服装厂为第三人，合同直接约束的就是李平与服装厂，而非马辉与服装厂。因此，如出现纠纷的情况下，则李平需要对服装厂承担责任。

（二）代理的分类

根据代理权产生的根据不同，可以将代理分为委托代理、法定代理和指定代理。

1. 委托代理

委托代理是基于被代理人的授权所发生的代理。授权行为属于单方民事行为，无须取得代理人或者第三人的同意，便可发生法律效力。这就意味着被代理人也有权不经过代理人的同意取消委托。

依据《中华人民共和国民法通则》第六十五条的规定："书面委托代理的授权委托书应当载明代理人的姓名或者名称、代理事项、权限和期间，并由委托人签名或者盖章。"

例子中，李平委托马辉去服装厂采购大批女装的行为，即属于委托代理。那么对服装厂而言，应当确认马辉是否有李平的授权委托书，马辉采购女装是否在代理权限之内，以及马辉的采购行为是否在代理期间内。

> **注意**
>
> 在实践中，一份完整的授权委托书，必须明确代理事项、代理权限和期间。同时，应当严格按照授权委托书载明的内容，来判断代理人是否属于有权代理。

2. 法定代理

法定代理是基于法律的直接规定而发生的代理，主要适用于被代理人为无民事行为能力或者限制民事行为能力人的情况。

例如父母是未成年子女的法定代理人，那么对于作为法定代理人的父母来讲，原则上应当代理其子女有关财产方面的一切民事法律行为，在性质上属于全权代理，无需授权委托书。

3. 指定代理

指定代理是指基于法院或有关机关的指定行为发生的代理。有关机关指依法对代理人的合法权益负有保护义务的组织，比如精神病人住所地的居民委员会。

（三）代理权的行使与终止

1. 代理人行使原则

（1）代理人必须在代理权限范围内行使代理权，否则为无权代理。

（2）代理人应亲自行使代理人，未经委托人同意，受托人不得转委托。

（3）代理人应积极行使代理权，尽到勤勉和谨慎的义务。

以李平与马辉举例，马辉只能按照授权委托书的范围去采购女装。在没有经过李平的同意之下，不得擅自转委托，让他人去采购女装。马辉在采购女装的过程中，应当仔细地检查女装质量、款式是否符合要求等。

2. 委托代理权的消灭原因

（1）代理期间届满或者代理事务完成。
（2）被代理人取消委托或者代理人辞去委托。
（3）代理人死亡或者丧失民事行为能力。

例如，马辉在代理期限之内完成了采购行为，或者是李平取消马辉的委托，或者是马辉不愿意作为李平的代理人主动辞去委托，或者是马辉突遇车祸死亡，都会导致委托代理权的消灭。

> **注意**
> 作为被代理人（委托人）的自然人忽然死亡或者丧失行为能力的，委托代理关系并不当然终止。（《民通意见》第82条）

二、无代理权的法律风险

无权代理，指的是行为人不具有代理权，而以他人名义实施法律行为。

（一）无权代理的三种情形

（1）根本没有经过授权的代理。在例子中，如果马辉没有经过李平的授权，擅自以李平的名义与服装厂采购女装的行为，便属于没有经过授权的代理。
（2）超越代理权的代理。如果李平授权马辉采购女装，而马辉擅自决定以李平名义采购童装，那么对于马辉来说，他便是属于超越代理权的代理。
（3）代理权终止的代理。如果李平授权马辉采购女装的期限是签订授权委托书之日起一个月内，那么过了一个月之后，马辉仍然以李平名字采购女装，便属于代理权终止的代理。

上述三种情况，均属于无权代理的情形，那么接下来就讨论无权代理的情况出现后，会有什么样的后果？

（二）无权代理的法律风险

1. 被代理人行使追认权，代理行为有效

被代理人一经作出追认，无权代理的行为即获得如同有权代理的法律效力，因为追

认具有溯及力,无权代理行为自始有效。当然第三人也可以通过催告的方式,让被代理人在一定期间内行使追认权。

简而言之,如果马辉无权代理,以李平名义擅自采购童装,李平行使追认权的情形下,马辉与服装厂签订的合同有效,李平仍然受合同的约束。当然服装厂也可以通过催告的方式让李平来追认合同。

2. 被代理人拒绝行使追认权,代理行为不发生效力

被代理人明确表述拒绝追认或如果在第三人在催告期内没有做出追认的,那么代理行为即不发生效力。依据《民法通则》第六十六条的规定,未经被代理人追认的无权代理行为,由行为人承担责任。可见,无权代理人知道或者应该知道自己没有代理权,仍进行代理行为,那么无权代理人应当对第三人所遭受的损害承担赔偿责任。

接下来,我们就通过一个案例来具体地分析无权代理未经过追认的情形下,代理行为的效力以及相应的法律风险或后果。

案例解析——父女反目,女儿擅自出售病榻上父亲的房屋反获赔偿

1. 事情经过

2013年,年轻的孙某来到A中介,告诉经纪人,在北京朝阳区某套房屋(下称交易房屋)是她父亲孙正(化名)的。因为父亲生病住院,需要卖房子来治病,目前行动不便因此全权委托了她来处理卖房的事情。当时孙某拿着户口本原件、房产证原件、孙正的身份证原件,还有孙正手写的授权委托书等材料,来证明她是有权利来卖这个房子的。正因为孙某拿出来资料是齐全的手续,经纪人便相信了她的话,开始积极找客户。

在A中介的居间服务下,客户邹某看中了这套房子。在签约的时候,孙某说父亲病还没有好,不能到场,她有全权代理的权限,而且老人家年纪大没有电话,后续交易都是她带着老人亲自出面办理。孙某还签订了《代理人关于代理权的承诺》,表明如果违反代理权的承诺导致的法律后果由她来承担。因此,孙某作为孙正的代理人,与邹某签订了买卖合同。随后,孙某便提出把首付款打到她账户上,并且跟邹某保证,"后续的交易孙正绝对能够亲自出面去办理,绝对没有任何问题,我有全权代理的权限!给我房款就相当于给他支付了房款,这还有什么信不过的?"于是,邹某便支付了首付款158万元到孙某的账户上,等着孙正出面一起去银行申请贷款。

2. 纠纷产生

在申请贷款的这一天,邹某和经纪人早早地在银行等待孙正和孙某的到来,孙某一会说路上堵车需要等一会儿,一会儿说忘了什么材料需要回去拿,结果一天等过去了,都没有等到孙正和孙某的影子。随后孙某就跟消失似的,好几天联系不上。这时候孙正出现了,告诉经纪人和邹某,原来孙正早就跟孙某断绝关系,孙某是偷了他的房产证、户口本、身份证,他根本就不同意孙某出售房屋,授权委托书是孙某伪造的,房款他也没有收到,所以无法退还。邹某眼瞅着给了首付款158万元后房子买不到人也找不着,

万分着急，无奈之下起诉到了法院，请求法院确认买卖合同无效，要求孙某退还158万，同时要求赔偿房屋上涨的差价、利息等损失共计34万元。

3. 法院审理

在庭审过程中，孙正称自从生病住院以来，孙某从未尽到过一个女儿的职责，况且他跟孙某早已没有联系，因此，对于孙某擅自出售房屋的行为拒绝追认。孙正同意邹某要求确认合同无效的请求，但是退还首付款与他没有任何关系，拒不同意赔偿。

而孙某庭审过程中，承认授权委托书是伪造的，但是一会儿声称孙正是口头同意卖的，一会儿说孙正说了要把房子留给她，她有处分的权利，要继续出售这套房屋。因此她不同意合同无效，反而要求继续履行合同，既不同意退还首付款，也不同意赔偿。

A中介出庭陈述，孙某签约的时候，提供的材料全部都是原件，而且符合正常出售房屋过程中对材料的要求，已经尽到了基本的审核义务。况且孙正与孙某为父女关系，父亲委托女儿出售房屋是很常见的行为，根据孙某提供的所有材料，我们有理由相信孙某有代理权限，授权委托书是事后才知道是伪造的。现在孙某的代理行为没有经过本人的追认是无效，相应的退还房款以及赔偿责任应当由孙某来承担。

4. 判决结果

最终一审法院依据《民法通则》第六十六条，《合同法》第五十二条，《民事诉讼法》第一百四十四条判决，孙某的代理行为没有经过孙正的追认是无效的代理行为。孙某应当返还邹某支付的首付款158万元，同时，法院判决孙某赔偿邹某房屋上涨的差价、利息损失等共计34万元。

5. 法务分析

首先，根据无权代理的三种情况，判断出来孙某没有经过孙正同意而伪造授权委托书的行为，属于根本没有经过授权的代理行为。

其次，结合无权代理的法律后果，很明显孙正属于拒绝追认的，因此孙某的代理行为不发生法律效力。那么，相应的法律后果，便是由行为人孙某承担。孙某明知自己没有代理权限，仍然擅自出售孙正的房屋，应当对购买方邹某所遭受的损害承担赔偿责任。

本案例部分节选自（2013）朝民初字第27653号判决节选。

三、表见代理概念及法律后果

这里需要再说一种特别的制度，即表见代理制度。表见代理属于无权代理的一种，它是指代理人没有代理权，但是第三人有理由相信代理人有代理权，此时，该无权代理可发生跟有权代理一样的法律后果。我国的《合同法》第四十九条明确承认了表见代理的制度，这个制度的价值意在保护市场交易的安全。

在表见代理中，最关键的构成要件是要求第三人为善意且无过失。在上面的这个案例中，我们发现孙艳艳提供的材料也会让第三人有理由相信代理人有代理权，但是仍然被法院认定为无权代理不发生法律效力。那么，我们通过下面的这个案例来详细解读一下，到底什么是表见代理，以及相应的法律后果是什么。

案例解析——购房后无故惹纠纷，惊现房主公证委托书作假，能否保住房子？

1. 事情经过

万某是王某的女婿，万某一直居住在王某所有的上海市瞿溪路某处房屋里面。2003年，万某拿着某公证处出具的公证书，王某签字的授权委托书，以及房产证的原件，与范某签订了房屋买卖合同，约定房价款35万元。随后，范某支付了万某房价款35万元，一起与万某办理了过户手续之后，便安心入住。

2. 纠纷产生

2004年王某去世，王某遗嘱上明确这处房屋由吴某继承。此时，吴某发现母亲名下的房屋由范某在居住。经过了解之后，才发现是万某伪造了公证书，王某签字的授权委托书，将房屋过户到了范某名下。吴某对万力伪造的行为深恶痛绝，不断要求范某搬离房屋。最终范兵不堪其扰，起诉到法院要求确认买卖合同有效，请求法院确认该房屋的所有权归范兵所有。

3. 法院审理

在庭审过程中，吴某称万某伪造委托书等行为构成违法行为，不构成表见代理。伪造授权委托书的行为正好是表明了万某并没有王某的授权，属于无权代理的一种情况，因此不发生法律效力。

这个案子的焦点在于万某伪造委托书、签订房屋买卖合同的行为是否构成表见代理。

首先，法院认为，万某的授权委托书虽然是伪造的，但是委托书的形式经过了公证，足以使一般人对这个公证书产生信赖。况且要求范某其识别具有极大欺骗性的公证授权委托书的真伪太过苛刻。同时，万某是王某的女婿，存在亲属关系，并且万某一直居住在这个房子里面，因此由万某代为出售房屋具有极大的可能性。再说了，万某提供的其他大部分材料都是真实的，包括房产证以及钥匙，可见当时万某是实际控制该房屋的。结合以上的理由，范某有理由相信万某具有代理权。

其次，范某与万某完成了过户，支付了合同约定的房价款，已经实际居住占有了这个房屋。从目前的情况来看，范某是善意并且没有过失的一方，万某的行为构成表见代理，那么就交易该房屋所签订的买卖合同应当被认定为有效。

4. 判决结果

法院最终依据《合同法》第四十九条，《民事诉讼法》第一百五十三条，认定万某的代理行为属于表见代理，产生的法律后果即相当于有权代理。因此法院判决范某与万某签订的买卖合同有效,该房屋归范兵所有。

5. 法务分析

通过以上两个案例的对比,可以看出来同样是伪造的授权委托书,持有房产证原件,存在亲属关系,那么在认定是否构成表见代理,以及第三人是否有理由相信代理人有代理权,认定的标准是比较严格的。同时,基于对表见代理的承认,所产生的法律后果也具有天壤之别。

简而言之,在综合考虑各种情况之下,虽然是伪造的授权委托书,但是第三人依据对公证书的信赖,有充分的理由相信代理人具有代理权,从而能够构成表见代理。构成表见代理的情况下,无权代理人所签订的合同为有效合同。

而一般对于没有经过公证的授权委托书,第三人仍然应当尽到详尽的注意义务,因此,如果授权委托书伪造的情形下,代理人的行为无法构成表见代理。既然无法构成表见代理,那么没有经过追认的代理行为属于无权代理,也就不发生法律效力了。

本案例部分节选自(2009)沪二中民二(民)终字第1448号判决节选。

四、委托代理人应当如何出售/购买房屋

(1)对于如果本人实在无法亲自到场办理,委托代理人来出售或者购买房屋的,一定要求本人出具亲笔签字的书面《授权委托书》。《授权委托书》必须明确代理事项、代理权限和期间。如果条件允许的情况下,可要求本人与代理人办理公证委托书。对于没有办公证的《授权委托书》,必须严格确认是否为本人亲自书写,并与本人电话或短信确认,保留上述确认的证据(如电话录音或短信记录)。

(2)在本人无法提供《授权委托书》原件的紧急情况下,务必要求代理人签署《代理人关于代理权的承诺书》,并要代理人在规定期限内提供本人签字的《授权委托书》原件。

但是,在此情况下,如果事后本人拒绝提供《授权委托书》原件,仅仅由代理人签署了《代理人关于代理权的承诺书》,那么代理人的代理行为仍然是无效的,法律后果同案例解析孙某案所示。

五、思考题

徐某常年居住国外,欲通过在国内朋友李某来出售自己名下的房屋。现在徐某因为在国外,一直没有提供授权委托书,现在有客户林某看中这套房屋想要签约购买。那么作为一个经纪人,如何签约来把控交易风险?

【答案】从本题中可以看出,现在这个交易属于产权人无法提供书面授权委托书的情况,这在平时的交易中也比较容易发生。对于一个严格把控风险的经纪人来说,应当要

求徐某在签约之前,提前通过邮寄的方式将《授权委托书》原件寄给代理人,同时在《授权委托书》内明确代理人的代理事项、代理权限以及相应的代理期限。最好要求徐某提供公证的《授权委托书》。

如果林某确实着急签约,那么在签约当时,徐某因为身处国外无法提供《授权委托书》情形下,那么从把控风险的角度出发,需要注意的有以下三点:

(1)通过远程视频的方式确认徐某同意李昌作为代理人来签订合同,而且徐某本人对于合同条款的内容完全认可没有争议,同时对于远程视频签约的过程做一个全程录像来作为证据保留。此时,李昌方可作为徐某的代理人签约。

(2)要求徐某在签约时传真李昌一份《授权委托书》,并且要求徐某在规定期间内将《授权委托书》原件邮寄回国。

(3)李昌作为代理人需要签署《代理人关于代理权的承诺书》。

六、代理权相关法律条文

(一)《中华人民共和国民法通则》

详见第六十条、第六十一条、第六十三条、第六十四条、第六十五条、第六十六条、第六十七条、第六十八条、第六十九条和第七十条。

(二)《中华人民共和国合同法》

详见第四十八条、第四十九条、第五十一条、第五十二条、第五十五条、第五十六条、第五十七条和第五十八条。

(三)最高人民法院关于适用《中华人民共和国合同法》若干问题的解释(二)

详见第十二条和第十三条。

(四)《最高人民法院关于审理买卖合同纠纷案件适用法律问题的解释》

详见第三条。

(五)关于审理房屋登记行政案件中发现涉嫌刑事犯罪问题应如何处理的答复

(供稿:林红梅)

专题 3　共有权人

> **导读**
> 　　不同的婚姻状态下，房屋的权属如何判断？哪种房屋是夫妻双方共同财产？哪些房屋是一方的个人财产？共有房屋处分时存在哪些交易风险？经纪人的作业过程中应如何对共有房屋出售的业务单进行风险把控？该专题一一问您解答。

一、共有权的法律基本概念

（一）基本概念

　　共有，是指某项财产由两个或两个以上的权利主体共同享有所有权，包括公民之间的共有、法人之间的共有以及公民和法人之间的共有。我国《物权法》第九十三条规定"不动产或者动产可以由两个以上单位、个人共有"。从法律上来讲，"共有"分为按份共有和共同共有两种情形。

　　结合房产交易，对上述概念做个通俗的解释：按份共有，指的就是共有人对该房屋按照各自的份额享有所有权；共同共有，指的就是共同共有人对该房屋享有平等的所有权。简单来说就是房产证上有两个或两个以上的产权人，房产证上"共有权人"登记一栏中载明的就是共有权人。

（二）处分原则及后果

　　根据《物权法》第九十七条的规定"处分共有的不动产或者动产以及对共有的不动产或者动产作重大修缮的，应当经占份额三分之二以上的按份共有人或者全体共同共有人同意，但共有人之间另有约定的除外。"和第一百零一条的规定："按份共有人可以转让其享有的共有的不动产或者动产份额。其他共有人在同等条件下享有优先购买的权利。"

　　综上并结合房产交易，也就是说：如果共有人对房产处理没有特殊的约定，则按下列方式处理：

　　（1）按份共有的房产出售时，须经占份额三分之二以上的按份共有人同意。
　　（2）共同共有的房产出售时，则须全体共有人同意。

　　如共有权人未能按照上述原则处分共有房产，则属于"无权处分"行为，根据我国《物权法》及《北京市高级人民法院关于审理房屋买卖合同纠纷案件适用法律若干问题的指导意见（试行)》的规定,则无权处分的共有权人签署的房屋买卖合同很可能被认定为"无效合同"。

二、未经共有权人同意出售房屋的法律风险或后果

案例解析——以配偶不同意出售房屋为由试图违约的后果

1. 事情经过

2014年8月14日,小卢(购房人)经A中介居间与出售人王某签署了《存量房屋买卖合同》及《补充协议》,约定小卢购买王某名下位于北京市大兴区的房屋,房屋成交总价为人民币205万元整,同日,小卢向王某支付2万元整作为购房定金。

2. 纠纷产生

然而,签约大概一周后,小卢却接到了王某不想再出售房屋的电话。因小卢本人在国外工作,此程回国是专门为了办理买房的大事,万万没想到,耗费多日看好的房子,手续还没开始办,出售人就反悔了。小卢不同意王某要解约的要求,双方协商不成,最终,小卢一纸诉状递上法院要求王某继续履约,并按照合同中约定的房屋总价款10%的违约金承担违约责任。

3. 法院审理

庭审过程中,王某辩称其出售该房屋时系隐瞒其妻子签署的买卖合同,王某妻子签约当日发现房子被卖后便不同意,同时通知了A中介不再出售该房屋。小卢提出,在签订合同时,王某说自己已离婚,自己就有权利卖这个房子,直到签合同一周后,王某才告知自己不想出售该房屋了,所以,很明显是想违约。现在又提出妻子不同意出售的理由,纯粹是为了逃避责任。后经法院释明后,小卢表示变更诉讼请求为:要求买卖双方解除合同,出售人承担房屋总价款10%的违约金。

4. 判决结果

最后,经法院调解,小卢与王某达成一致的调解意见:①解除双方签署的买卖合同及补充协议。②中介机构于判决书生效后十日内配合买卖双方办理网签注销手续。③被告王某向原告小卢支付了十万元的违约金。④被告王某于本判决书生效后十日内返还原告定金2万元整。

5. 法务分析

虽然该案最终调解结案,但是看完还是令人唏嘘不已,对于小卢来讲,白白浪费了时间和精力,却没能最终买到满意的房子;对于王某来说,反悔虽然成功,却为此付出了10万元的高额成本。如此看来,折腾一通,双方都未能尽如人意。那么,对于一名合格

的经纪人来会说，对于存在共有权人的房屋到底应该如何做到严谨的风险防控呢？笔者建议按照以下方式处理：

（1）已婚出售人出售其名下"单独所有"的房屋，务必要核实房屋是否为婚前取得。如为婚前取得，出售人可单独出售，但仍应注意购房人申请购房贷款时是否需要出售人配偶到场的问题；如为婚后取得，即使房本记载为单独所有，也必须要求出售人配偶出具亲笔签名的《配偶同意出售证明》方能出售。

（2）离婚出售人出售房产，必须提供离婚协议或法院判决，明确房屋的所有权归属，如为出售人单独所有可自行出售。如为出售人与前夫（妻）共同共有，则仍应由双方共同到场签约，或由登记一方持出售人前夫（妻）后亲笔签署的《同意出售证明》后方可出售。

案例解析——结婚登记在先，房本下发在后，是夫妻共有财产吗？

1. 事情经过

2012年11月24日，张某（购房人）与高某（出售人）经A中介居间签署了《存量房买卖合同》（以下简称"房屋买卖合同"），约定张某购买高某名下位于北京市朝阳区的房屋，房屋成交总价为人民币235万元整。张某于签订合同当日向高某支付了定金2万元整，于2012年12月3日前向高某支付了80万元的首付款。该房屋系2008年6月高某与开发商签订购房合同购买，高某与其妻子张晓晓于2011年5月6日登记结婚，高某于2011年5月27日登记为该房屋的所有权人，房本上共有情况一栏登记为单独所有。

2. 纠纷产生

合同签订后，因房价迅速上涨，高某夫妇后悔出售该房屋，二人商量由其妻子张晓晓向法院提起诉讼，以该房屋为夫妻共有、高某尚未经过其妻子同意私自处分为由申请法院认定高某与张某签署的买卖合同无效。

3. 法院审理

张晓晓一纸诉状，将丈夫高某和张某诉至法院，法院审理过程中，张晓晓诉称：该房屋为其与高某夫妻共有，是自己在北京的唯一住房，在没有张晓晓授权的情况下，被告的行为侵犯了自己对房屋的共同所有权。高某与张某是恶意串通损害第三人利益，根据我国《合同法》的规定，法院应当认定为被告签署的房屋买卖合同为无效合同。

张某辩称，不同意张晓晓的诉讼请求，高某和张晓晓的结婚证时间是2011年5月6日，高某的房产登记证时间是2011年5月27日。表面上看是先结婚后取得房产证，可实际情况是结婚证能够当天办理取得，而北京市买一手商品房最快需要2~3年的时间才能取得房产证。高某的房子是在2008年初全款购买的，他已出具婚前财产声明表示房屋是婚前财产与张晓晓无关。

法院审理认为，该房屋系高某婚前购买，购房距高某与张晓晓结婚相隔时间较长，高某虽在本案中称该房屋系其与张晓晓共同购买，但其与此前出具书面《声明》承诺该房屋系其婚前个人财产相矛盾,本案中高某并未提交证据推翻《声明》中所承诺的真实性。高某虽于结婚登记21日后取得该房屋所有权证,但高某于结婚登记近3年前购买该房屋,根据交易习惯和生活常识、无法认定该房屋为夫妻共同财产。涉案房屋所有权证书颁证时间虽然在高某和张晓晓登记后,但不影响房屋产权人为高某单独所有的性质认定。即使,张晓晓所述其婚前出资事实成立,其与高某之间也仅为法律意义上的债权关系,而非房产共有关系,张晓晓为其房屋所有权人依据不足。张晓晓以两被告签订买卖合同损害其对方房屋共有权为由要求确认合同无效没有依据。如张晓晓认为高某损害其合法权益,可向高某另行主张赔偿。

4. 最终结果

驳回原告张晓晓的诉讼请求。

5. 法务分析

该案是在二手房交易过程中比较典型的出售人以未经配偶同意为蓄意违约的案例,那到底如何判断哪种房子是夫妻共有?哪种房子是个人财产呢?根据我国《物权法》和《婚姻法》及其相关法律法规的规定,笔者将二手房交易过程中常见的共有情况总结如下,供各位读者参考:

(1)婚后全款/贷款购买,房产证登记为男方单独所有——夫妻共有。

(2)婚前全款购买,房产证登记为单独所有——个人财产。

(3)婚前贷款购买,婚后共同还贷——共同还贷部分为夫妻共有;《婚姻法解释三》规定可以判归个人所有,需要结合具体情况来看。

(4)婚后购买,夫妻双方约定归一方所有——个人财产(须做财产公证)。

(5)涉及法定继承,遗产分割前的房产——所有继承人共同共有。

三、思考题

周女士欲出售其名下婚后购买的房屋一套,购房人小王看好此房,准备购买。但是周女士户口本上登记的是"离异"状态,面对此种情形,作为一名合格的经纪人,你应如何进行风险把控?

【答案】

(1)首先,应当确认该房屋是周女士个人财产还是与其前夫的共同财产。

因该房屋为周女士婚后购买,除周女士与其前夫有明确的该房屋归属夫妻一方所有的约定(如财产公证),原则上应认定为夫妻共同财产。

(2)其次,需要确认该房产在周女士离婚时,是分割归谁所有了。

在我国,无论是法院判决离婚,还是夫妻双方协议离婚,都需要对财产做出明确的分割。如果夫妻双方通过法院判决离婚,则法院会将财产分割结果明确体现在离婚判决中；如果夫妻双方通过协议离婚，则双方需要拟定离婚协议，并将财产（尤其是房产）的分割结果明确约定在离婚协议中，该协议须在民政局留档备案。

（3）最后，经纪人应务必核实周女士一方的基本信息后再行签约。

经纪人需要核实周女士的信息包括房产证所有权人、共有权人的登记情况；户口本上登记的婚姻状况；离婚协议或离婚判决书。经纪人需要通过对于上述信息的核实确认房屋归属后方可签约。如该房屋分割为周女士前夫所有，则周女士并非房屋所有权人，无权出售该房屋；如该房屋分割为周女士个人所有，则周女士可自行出售；如该房屋分割为周女士与其前夫共同共有，周女士如出售该房仍应取得共有权人也就是其前夫的书面同意。

四、共有权相关法律条文

（一）《中华人民共和国物权法》

详见第九十三条、第九十四条、第九十五条、第九十六条、第九十七条、第九十八条、第九十九条、第一百条、第一百零一条、第一百零二条、第一百零三条、第一百零四条和第一百零五条。

（二）《最高人民法院关于适用〈中华人民共和国婚姻法〉若干问题的解释（二）》

详见第十一条、第十九条、第二十条、第二十一条和第二十二条。

（三）《最高人民法院关于适用〈中华人民共和国婚姻法〉若干问题的解释（三）》

详见第七条、第十条、第十一条和第十二条。

（供稿：周菲）

专题 4 公司产权

> **导读**
> 什么是公司产权？如果我要买一个公司产权的房子，有什么需要注意的地方吗？这种房屋该如何缴税？作为经纪人，应该有哪些需要注意的事情？

一、公司产权房屋的法律基本概念

公司产权房屋，顾名思义，便是房屋的产权人为公司的房屋。作为不动产的房屋，在房屋产权证明文件上记载的人就是房屋的合法权利人，依法享有占有、使用、收益和处分的权利。

公司产权的房屋不同于一般自然人产权房屋的原因，主要是对于公司主体基本信息的确认、如何签约、缴税等事宜存在一定的复杂性。从公司作为出售人和购房人这两个角度，来分析公司出售房屋和购买房屋时有关的注意事项。

二、公司出售/购买房屋的方法

（一）公司如何出售房屋

首先，依法设立的公司，由工商登记机关发给公司营业执照。公司营业执照签发日期便是公司成立日期。公司营业执照上应当载明公司的名称、住所、注册资本、经营范围、法定代表人姓名等事项。

因此，对于公司基本信息的确认可以营业执照上记载的为准。那么，公司作为产权人出售房屋时，应当审核公司的营业执照是否在存续期间，这个信息可以通过网络或者工商行政部门进行查询。

其次，签约时，除了房产证原件和复印件外，如果由法定代表人亲自到场签约，还应当审查公司董事会、股东会审议同意出售房屋的书面文件。要求公司提供营业执照副本复印件（加盖公章）、组织机构代码复印件（加盖公章）、法定代表人身份证明（加盖公章）、授权委托书（加盖公章）。

如果公司是委托除法定代表人以外的员工来签约，则需要提供授权委托书（盖公章和法人章）、代理人身份证原件及复印件。同时董事会、股东会在审议同意出售房屋的书面文件里，也需要明确由该员工代为出售房屋。

最后，在签订合同之时，产权人处应当填写公司名称，代理人处填写法定代表人或者代理人的姓名，同时加盖公章。对于超过一页的合同，应当盖骑缝章。

（二）公司如何购房

在北京，首先需要了解公司购房的限购政策是什么。对于大陆公司购房，昌平、朝阳地区的限购政策为：除个人独资的单位、外企（外企在京设立分公司的除外）的购房受限制外，其他的单位购房不受限制。其他区县除个体工商户外不受限制。外企在大陆仅能在公司注册所在地购买一套非住宅商品房。个体工商户需满足连续五年缴纳经营所得税方可购买，且所购房屋必须登记在个体工商户法定代表人或者其家庭名下。

其余地区依据各地的限购政策执行。

同理可得，公司购买房屋时所需提供的材料以及填写合同的方式，与公司出售房屋时是一样的。

（三）公司产权如何缴税

公司自己申报房产税、土地使用税、企业所得税、营业税、土地增值税（递增额的30%～60%）、印花税、买受人契税。

以下为公司房产税的计算公式以及两类情况下的不同：

（1）如果公司将房产用于自用，那么房产税从价计征：每年应纳房产税额 = 房产原值 ×（1 - 扣减率）× 1.2%。扣减率各地不同，一般是20%或30%。

（2）如果公司将房产用于出租，取得租金的，那么房产税从租计征：房产税额 = 租金收入 × 12%。

在此需要注意的是，公司需要每年向公司所在地的税务所自行申报房产税和土地使用税。因此，在出售时，公司需要明确是否每年正常申报了房产税以及土地使用税，并需要保留缴税的凭证。如没有按年缴纳，公司需要缴纳违约金，地税部门将要求其完税并缴纳相应违约金后才允许正常交易。

由此可见，公司产权在缴税中涉及较为复杂的计算，因此在交易过程中，需要提前与地税部门核实确认，具体税费的征收金额应以地税部门最终核定的为准。

三、思考题

2010年，某科技有限公司购买了一处北京朝阳区的某处房屋。2015年，该公司的法定代表人王女士要出售这套房屋，该公司的另外一个股东苏女士一直在外地办公。现在王女士想要委托公司的财务马女士出售这个房子。那么，应该如何操作？

【答案】首先，应当依据营业执照确定此科技有限公司仍然在经营期限之内，然后，通过网站或者工商行政主管部门，审查公司不存在注销登记等情况，属于合法有效的主体。

其次，应当明确该公司的股东王女士和苏女士均同意出售该房屋，并且由财务马女士代为出售该房屋。因此，这些内容应当形成书面的股东决议。即使苏女士在外地办公，股东决议上面必须要有王女士和苏女士的签字。

接下来，马女士作为代理人签约，必须提供房产证原件和复印件、股东决议原件及复印件、公司营业执照副本复印件（加盖公章）、组织机构代码复印件（加盖公章）、法定代表人身份证明（加盖公章）、授权委托书（盖公章和法人章）、代理人身份证原件及复印件。

在填写公司产权的基本信息之时，产权人为公司名称，法定代理人为王女士，代理人为马女士。那么对于产权人的基本信息，应当是以及公司营业执照上的基本信息来填写名称、住所，而非按照法定代理人的信息来填写。

最后，马女士应当在产权人的落款签字处填写公司名称，代理人处写马女士自己的名字，再加盖公章。合同超过一页的，均需要在合同的边上盖上公司的骑缝章，以证明合同每一页的连续性。

四、公司产权相关法律条文

（一）《中华人民共和国民法通则》

详见第三十六条、第三十七条、第三十八条、第三十九条、第四十五条、第四十九条和第六十三条。

（二）《中华人民共和国公司法》

详见第四条、第七条、第十条、第十一条、第二十五条、第三十七条、第三十八条、第四十二条和第四十七条。

（三）《中华人民共和国物权法》

详见第三十九条。

（供稿：林红梅）

专题 5　外籍及港澳台人士购房

> **导读**
> 购房人为外籍人士，作为经纪人应当何时审查其是否具有购房资质？审查购房人购房资质时有哪些注意事项？若购房人为外籍华人，经纪人还应注意哪些事项？

一、外籍及港澳台人士的基本概念

1. 外籍人士

外籍人士是指拥有外国国籍而没有中国国籍的自然人，原为中国人，后来加入或取得外国国籍的外籍华人也属于外籍人士。

2. 港澳台人士

港澳台人士是香港居民、澳门居民和台湾居民的统称。香港居民是指持有香港居民身份证或香港永久性居民身份证的中国籍自然人。澳门居民是指持有澳门特别行政区永久性居民身份证或澳门特别行政区非永久性居民身份证的中国籍自然人。台湾居民是指持有台湾居民来往大陆通行证的中国籍自然人。

二、外籍人士的签约风险

案例解析——外籍人士不具备购房资质，法院判退中介费

1. 事情经过

2013 年 4 月 3 日，莫某与朱某、周某以及 A 中介共同签订了《房地产买卖居间协议》，其中莫某为购房人，二者在 A 中介的居间服务下签订了《房屋买卖合同》。根据这两份合同，朱某和周某在 A 中介成功居间后，应向其支付 90000 元的居间服务费。

次日，朱某和周某与莫某的女儿戴某签订了《上海市房地产买卖合同》。莫某将其签订的《房地产买卖居间协议》、《房屋买卖合同》项下的由其享有和承担的所有权利、义务均转让给戴某，戴某为外籍人士。

2013 年 6 月 5 日，朱某向 A 中介支付了 33000 元的居间服务费。

2. 纠纷产生

2013年5月30日，买卖双方就出售房屋共同向上海市徐汇区房地产交易中心申请过户。然而有人向交易中心举报戴某的身份证号名下有房产，根据上海市的房屋限购政策，外籍人士在沪只得购买一套住房，故徐汇区房地产交易中心向戴某发出《不予办理房地产交易、过户通知》。

由于戴某作为外籍人士，根据限购政策不具有购房资质，因此房屋买卖合同无法继续履行。朱某和周某认为A中介没有向其如实报告戴某的购房资质，因而导致合同无法正常履行，故拒绝向A中介支付剩余的居间服务费。于是A中介将朱某和周某告到法院，要求他们支付剩余的居间服务费57000元以及自2014年4月4日起到实际支付日止的逾期违约金。朱某和周某随后提起反诉，要求A中介返还他们已经支付的33000元居间服务费，并且依照每日万分之五的标准支付逾期违约金。

3. 法院审理

A中介辩称其已经根据居间服务协议协助双方签订了房屋买卖合同，并协助买卖双方办理过户手续等事宜，其已经成功地完成了居间服务。且公司在居间服务过程中，针对购房人戴某为外籍人士这一情况，根据其护照号查询了其名下并无房产，已经尽到了必要的审查义务。最终房屋买卖合同无法履行，是由于其他人向上海市徐汇区房地产交易中心举报戴某的身份证号名下还有房产，从而导致了交易中心作出了不予过户的决定。A中介认为自己并无过错。

法院经过审理认为，A中介作为专业的房地产经纪机构，应当熟知国家及上海的房屋限购政策，并严格依据政策审核购房人的资质。尽管A中介辩称其已经按照外籍购房人戴某的护照号查询过其名下并无房产，但没有提出相关证据予以证明。故A中介就本案中房屋买卖合同无法继续履行的情形负有过错。所以法院对该公司追索居间服务报酬和逾期违约金的诉讼请求不予支持，而针对朱某和周某要求A中介返还已付居间报酬的反诉请求，法院予以支持。至于朱某和周某要求A中介向其支付逾期违约金的反诉请求，法院认为缺乏事实依据和法律依据，故不予支持。

4. 判决结果

最终，法院根据《中华人民共和国合同法》第四百二十四条、第四百二十五条的规定，判决A中介向朱某和周某返还已经支付的33000元居间服务费，并承担本案的诉讼费。

5. 法务分析

居间服务是居间人向委托人如实报告订立合同的机会、提供达成协议所需要的信息和媒介，从而促成双方达成交易合同的服务种类。当居间方完成上述相关居间服务，委托人之间由此而达成协议的，委托人应当向其支付居间服务报酬。房屋买卖居间服务涉及金额较大、流程复杂，所以房地产经纪机构除了应向委托人提供交易信息、交易机会并从中斡旋交涉，从而协助买卖双方达成交易协议外，还应当协助买卖双方办理后续的贷款、过户等手续。经纪人不应当以买卖双方的交易合同签订完成作为自己服务的终点，切不可为了业绩急于促成双方签订合同，而对忽视对居间义务的履行，且在居间服务过程中要保留相关的审查单据和记录等信息。

  本案中，购房人戴某为外籍人士，经纪人在协助其签订房屋买卖合同前，应当严格依照国家针对外籍人士的购房政策和其当地的限购政策审查外籍人士的购房资质并保留审查记录，经审查确认其具有购房资格后，再为其提供购房居间服务；为了避免不必要的纠纷和损失，对于不具有购房资质的外籍人士和港澳台居民，不应为其提供签订房屋购买合同的居间服务。若经纪机构已经尽到了合理的审查义务，是由于购房人的原因导致其不具有购房资格，从而使得合同无法继续履行的，由购房人承担违约责任；若是由于经纪机构没有尽到审核购房人资质的义务，即居间服务有瑕疵，从而造成合同无法继续履行的，那么经纪机构对此负有过错，应当退还居间服务报酬。

  但是实践中更为常见的做法是，经纪人在居间协助买卖双方签订房屋买卖合同后，才审查购房人的购买资质。在这种情况之下，买卖合同也是有效的，但无法继续履行，购房人承担违约责任，居间人退还居间服务报酬。相较于先审查购房人资质再签购房合同的操作方式，在这种操作方式下，因外籍或港澳台购房人不具有购房资质而导致履约不能的情况将大大增加，从而增加了房地产经纪机构的法律风险。

  尽管A中介在庭审过程中辩称其在居间服务过程中已经根据外籍人士戴某的护照号查询过其中国境内名下并无房产，但是并无相关证据予以证明，故法院认定A中介在居间服务中存在瑕疵，对于合同不能履行负有过错。在该案中，经纪人应当在根据戴某的护照号查询其名下无房产后，通过书面的方式将该记录保留下来，并将之打印出来后要求买卖双方签字后附在合同的附件中。这样操作不仅尽到了居间人的义务，还可以在日后纠纷发生后，提供相应的证据证明自己已经尽到了居间人的合理义务、证明居间服务没有瑕疵。

  此外，在本案中，A中介辩称的是居间服务过程中已经根据外籍人士戴某的护照查询了其名下并无房产，而他人则是根据戴某的身份证名下有房产向交易中心提出了举报。这一细节反映了实践中一个常见的问题，即原为中国人的外籍人士仍然持有有效的身份证。根据《中华人民共和国国籍法》第三条和第九条的规定，中国公民只能拥有中国一国国籍，若中国公民取得或自愿加入了外国国籍，即自动丧失中国国籍，从而成为外籍人士，而不再是中国公民了。但是在实践中，很多中国人在取得外国国籍后，若其本人不向公安部门的户籍机构注销其户口和身份证，则其户口和身份证仍然能在中国境内使用。在本案中，购房人戴某就属于这一情况，她虽然已经持有外国国籍，但是由于其并未申请注销其中国身份证，所以其身份证名下仍有房产。此案提示经纪人在审查外籍人士的购房资质时，如果对方为外籍华人，还应注意查询其身份证名下是否有房产。

  本案例部分节选自徐民四（民）初字第4232号判决。

三、外籍及港澳台人士如何出售/购买房屋

（一）出售/购买房屋流程

外籍人士和港澳台人士在中国大陆境内购买、出售房屋时，其操作流程与大陆居民购买、出售房屋的流程并无不同，只是多了一项审批手续。具体流程为：①签订购房合同；②由涉外审批办公室对买卖双方进行审批；③提交过户材料；④办理过户手续；⑤领取房产证。

（二）我国针对外籍人士和港澳台人士的购房政策

我国针对外籍人士和港澳台人士的购房政策，主要体现在三个文件中，即《关于规范房地产市场外资准入和管理的意见》（建住房[2006]171号）、《关于进一步规范境外机构和个人购房管理的通知》（国发[2010]10号）和《住房城乡建设部等部门关于调整房地产市场外资准入和管理有关政策的通知》（建房[2015]122号）。这三个文件一步步放宽了对境外购房人的限制，从最初的学习或工作超过一年者只能购买一套自住房屋到现在的无年限和套数的限制，所以按照国家政策，在内地工作或学习的外籍人士和港澳台人士在内地购买自住商品房不受年限和套数的限制。但是根据《住房城乡建设部等部门关于调整房地产市场外资准入和管理有关政策的通知》（2015年）第二条的规定，境外个人购房依然要符合当地的限购政策，所以经纪人在实际操作中要严格依照当地的限购政策审查购房人的购买资质。

（三）注意事项

1. 应当提交的证件和材料

北京市住房和城乡建设委员会和北京市公安局联合印发《关于进一步规范境外个人购买商品住房有关问题的通知》，规定自2015年6月1日起，境外个人在本市购房可不再提交纸质的《境外个人在境内居留状况证明》，而是直接向网签服务机构（开发企业、经纪机构、区县窗口）提供有效身份证明，通过联网审核方式申请购房资格审核。因此外籍人士需要提供护照及护照的译文公证、《涉外审批单》。这些资料中若有外文资料，需要提供译本公证。

港澳居民需要提供《港澳居民来往内地通行证》、《香港居民身份证》或《香港永久性居民身份证》，《澳门特别行政区永久性居民身份证》或《澳门特别行政区非永久性居民身份证》，以及《涉外审批单》。

台湾居民需要提供《台湾居民来往大陆通行证》以及《涉外审批单》。

2. 应当公证的文书

（1）护照译本公证。外籍人士出示的护照一般是外文的，需要做译本公证。
（2）翻译公证。在国外做的公证，往往为外文公证，需要到公证处做翻译公证。
（3）声明书公证。外籍人士中文名字的声明书需要进行公证。

四、思考题

在香港工作的美籍公民叶保罗想要在北京购买一套住房，在中国境内其名下并无房产。他找到北京的一家房地产经纪机构，想要委托该公司为其寻找房源并提供房屋买卖居间服务。

【问题】若你是接待叶保罗的经纪人，你会如何处理？

【答案】针对叶保罗的这种情况，姑且不看更为严格的北京市限购政策，根据国家的购房政策，叶保罗都不具有购房资质。根据我国现有的购房政策，在境内工作、学习的境外个人可以购买符合实际需要的自用、自住商品房，然而叶保罗是在香港工作的美籍公民，其工作地点在香港，并非在中国大陆境内，所以叶保罗并不具有购房资质，经纪人无法为其提供购买房屋的居间服务。因此接待叶保罗的经纪人应当告知其不具有购房资质，无法在京购房。

通过这个案例可以看到，尽管审核外籍或港澳台购房人的购房资质这一事项，需要初步达成交易意向甚至签订购房合同后，经纪人在取得其重要身份信息后才能查询、核实，但本题中的情形并不需要。所以房屋中介经纪人应当熟知国家和其当地基本的购房政策，并准确理解政策含义，在遇到本题中的情形时，通过基本情况的询问和简单的沟通，即可判断出购房人并不具有购房资质，从而有效避免了日后纠纷的产生以及买卖双方和经纪机构的经济损失。

五、外籍及港澳台人士相关法律条文

《中华人民共和国国籍法》

详见第三条和第九条。

（供稿：雷楚芸）

专题6　出租房屋交易

> **导读**
> 我买了一个房子，签约时出售人说房子没有出租，但等到交房时，才发现房子里面是有租户的，我能直接把租户清走吗？

一、出租房屋的基本概念及一般原则性法律规定

（一）出租房屋的基本概念

按照我国相关法律法规的规定，出租房屋，一般是指房屋所有权人将房屋出租给承租人居住使用或提供给他人从事经营活动及以合作方式与他人从事经营活动的行为。

（二）出租房屋一般原则性法律规定

1. 出租房屋，出租人和承租人应当签订书面租赁合同

为使租赁关系更加明确、稳定，出租人和承租人之间应当签订书面的租赁合同。租赁合同应当具备以下条款：①房屋租赁当事人的姓名（名称）和住所；②房屋的坐落、面积、结构、附属设施，家具和家电等室内设施状况；③租金和押金数额、支付方式；④租赁用途和房屋使用要求；⑤房屋和室内设施的安全性能；⑥租赁期限；⑦房屋维修责任；⑧物业服务、水、电、燃气等相关费用的缴纳；⑨争议解决办法和违约责任；⑩其他约定。

为了规范和指导房屋租赁及其经纪行为，一些地区还专门制定了房屋租赁方面的示范文本，如北京市就制定了《北京市房屋租赁合同》的示范文本，包含自行成交、经纪成交、代理委托的版本。人们在自行签订租赁合同时可以参考相关的示范文本，以更好地维护自身合法权益；如果自身获取房源的渠道较少、租赁经验不足的，也可以选择规模较大、信誉优秀的经纪机构，通过经纪成交的方式进行房屋租赁。

2. 不得出租的房屋

按照我国相关法律法规的规定，有下列情形之一的房屋不得出租：
（1）属于违法建筑的；
（2）不符合安全、防灾等工程建设强制性标准的；

（3）违反规定改变房屋使用性质的；

（4）法律、法规规定禁止出租的其他情形。

因此，在承租房屋前，人们务必要对拟承租房屋的性质、房屋的产权状况、房屋是否有抵押、查封及其他权利限制的情况、房屋及所属设施设备的具体情况等有全面、充分地了解，避免不必要的麻烦；经纪机构也应合法合规作业，坚决不做禁止出租房屋的租赁经纪业务。

另外，对于依照国家福利政策租赁的公有住房、廉租住房、经济适用住房及其他特殊性质的房屋，在租赁方面法律上有限制或禁止规定，也应特别留意，否则可能贪小便宜吃大亏。如《经济适用住房管理办法》第33条就明确规定："个人购买的经济适用住房在取得完全产权以前不得用于出租经营"。

3. 出租住房的面积等条件应符合法律规定

按照我国相关法律法规的规定："出租住房的，应当以原设计的房间为最小出租单位，人均租住建筑面积不得低于当地人民政府规定的最低标准。厨房、卫生间、阳台和地下储藏室不得出租供人员居住。"这是我国法律对出租住宅的专门规定，目的在于打击各地出现的违规"群租"现象，保障承租人的基本权利。

关于出租住房面积的最低标准，各地政府作出了具体规定，如北京市的标准为："出租房屋人均居住面积不得低于5平方米，每个房间居住的人数不得超过2人（有法定赡养、抚养、扶养义务关系的除外）。"前述居住面积是指规划设计为居住空间的房间的使用面积。

4. 房屋租赁实行登记备案制度

我国对于房屋租赁实行登记备案制度，签订、变更、终止租赁合同的，当事人都应当向房屋所在地市、县人民政府房地产管理部门登记备案。这是一般性的法律规定，但有人不禁会对未经登记的租赁合同是否有效产生疑问，笔者认为，租赁合同登记与否，不会影响到租赁合同的效力，只要租赁合同成立并生效，租赁双方就应当依约享有各自的权利、履行各自的义务，而不能以租赁合同未登记备案就拒绝履行。但是未经登记的租赁合同，不能对抗善意第三人。

5. "买卖不破租赁"和承租人的"优先购买权"

"买卖不破租赁"和承租人的"优先购买权"是两个专业的法律术语，但近年来已被越来越多的人所熟悉。我国《合同法》第二百二十九条规定"租赁物在租赁期间发生所有权变动的，不影响租赁合同的效力"和第二百三十条规定"出租人出卖租赁房屋的，应当在出卖之前的合理期限内通知承租人，承租人享有以同等条件优先购买的权利"即是最直接相关的法律规定。

简单来说，如果出租人张三和承租人李四签订了合法有效的房屋租赁合同，在租赁期内如果张三欲出售该房屋，因李四作为承租人享有以同等条件优先购买该房屋的权利，则张三应当在出售前的合理期限内通知李四，看李四是否行使其优先购买权：如李四行使优先购买权且符合条件的，则张三与李四的买卖关系建立起来，张三把该房屋出售给李四，李四取得该房屋的所有权；如李四不行使优先购买权，亦继续履行双方之间的租赁合同的，则即便张三将该房屋出售给王五、王五成为该房屋新的产权人,也不影响租赁合同的效力,李四仍然享有该房屋的承租权。

二、过户后不能交房的法律风险或后果

案例解析——出售人将"未带租约"的房屋出售给购房人,无法交房终赔偿

1. 事情经过

2014年9月出售人李某与购房人曹某签订《上海市房地产买卖合同》,将其所有的位于浦东新区的一处房产出售给曹某,双方约定在李某收到曹某支付的第二期购房款之后3日内,将该房屋交付给曹某,合同签订后,曹某依约履行了合同,并于2014年11月6日向出售人李某支付了第二期购房款。

2. 纠纷产生

但李某收到曹某支付的第二期房款后,却迟迟不交房,虽然曹某已两次书面通知李某尽快交房并支付赔偿金,然而李某仍不履行交房义务。另外,据曹某了解到,虽然其与李某签订的买卖合同中约定的该房屋租赁情况为"无",但实际上该房屋是有租约的,出售人李某与承租人王某就租赁事宜一直纠缠,导致李某迟迟未交房,在反复协商未果后,曹某只得起诉至法院解决此事。

3. 法院审理

经法院审理查明,2014年7月,出售人李某与王某签订《房屋租赁合同》,将该房屋出租给了王某,租期至2017年7月31日。2014年11月27日,租赁双方就租赁合同解除事宜签订《解约协议书》,但约定该协议书自李某退还押金、付清违约金之后方才生效。因李某未履行《解约协议书》中约定的义务,故王某要求继续履行双方的租赁合同,由此就租赁事宜产生了纠纷。了解上述情况后,法院将王某追加为本案的第三人。

而出售人李某在与购房人曹某签订买卖合同时,并未该房屋已有租约的事实情况告知曹某,双方签订的买卖合同亦约定该房屋无租赁情况,且双方已办理完毕过户手续,曹某已经成为该房屋新的产权人。

审理中,法院向购房人曹某告知了该房屋租赁的相关情况及"买卖不破租赁"的法律原则,曹某同意了该房屋的租赁合同自2015年4月1日起由其继续履行,待租赁合同终止后再行交接该房屋。承租人王某亦同意向曹某支付租金,继续履行租赁合同。

同时,因李某与曹某签订的房屋买卖合同合法有效,买卖双方应全面履行,根据买卖合同的约定,出售人李某本应将该房屋不带租约交付曹某,故李某负有交房前清退租户的义务,现因李某原因无法在约定期限内向曹某交房,李某应当承担逾期交房的违约

责任。

4. 判决结果

最终，法院依照《中华人民共和国合同法》第一百零七条、第一百一十四条、第二百二十九条、《最高人民法院关于适用〈中华人民共和国合同法〉若干问题的解释（二）》第二十九条之规定，判决：

（1）李某将《房屋租赁合同》原件及押金移交给曹某；

（2）李某支付曹某逾期交房的违约金16万元；

（3）王志刚自2015年4月1日起向曹某支付租金。

5. 法务分析

本案中，法院很好地释明了"买卖不破租赁"的法律原则，梳理和协调了李、曹、王三人之间的买卖合同关系和租赁合同关系，使得这一纠纷得到了较好的解决。但是，本案中还是有几点值得注意的地方：

（1）出售人李某在与购房人曹某签订房屋买卖合同时，并未如实告知该房屋的租赁情况，导致后来因租约问题不能及时交房。即使已成为新产权人的曹某同意继续履行与王志刚租赁合同，使得交房延后，但是并不能免除李某因违反买卖合同的约定，逾期交付房屋的违约责任。

（2）李某与王某签订的房屋租赁合同，也是合法有效的，虽然双方曾签署过《解约协议书》，但该解约协议书是"附条件才生效"，即李某须退还押金、付清违约金之后解约协议才生效，因李某未履行相关义务，李、王之间的租赁合同仍然有效，王某以此为由要求继续履行租赁合同是完全合理的。

（3）如果因李某的原因，导致其与王某之间的租赁合同无法继续履行的，李某还可能会因违反租赁合同的约定，而承担租赁合同的违约责任，真可谓得不偿失。

本案例部分节选自（2015）浦民一（民）初字第1191号判决节选。

三、出售/购买已被出租房屋的注意事项

结合上文中的案例，我们不难想到在房屋已被出租的情况下，如果出售/购买"带租约"的房屋，应该注意哪些问题呢？

（1）作为出售人，在出售已被出租的房屋时，出售人应先与承租人进行协商，看是否能够解除租赁合同，如双方根据租赁合同的约定提前解除了租赁关系，那么出售人可直接将不带租约的房屋进行出售；如租赁合同继续履行或仍在履行，出售人在出售房屋前，须在合理期限（一般为15日）内通知（建议以书面方式）承租人该房屋将要出售的相关情况，确认承租人是否放弃对该房屋的优先购买权，否则，如果承租人主张优先购买权的，出售人将面临向承租人赔偿损失的风险；另外，出售人在出售房屋时，应当明确告知购房

人该房屋的租赁情况，让购房人对该房屋的情况有全面的了解。如果购房人选择购买"带租约"的房屋，出售人应与购房人、承租人之间协调好租赁合同履行的相关事项，如租赁合同原件的交接、押金、租金向新产权人支付的起始时间等。

（2）作为购房人，在购买已被出租的房屋、或在看房时发现房屋内有人租住的情况时，应当主动了解该房屋具体的租赁情况，必要时可要求出售人提供租赁合同原件，如在签署房屋买卖合同前，出售人已与承租人解除了租赁关系，在买卖合同中仍要对房屋交付、物业交割等条款进行明确约定；如出售人与承租人未解除租赁关系，则购房人应要求出售人提供承租人已放弃该房屋优先购买权的相关证明文件后，再全面衡量自身情况，决定是否购买，如果决定购买已被出租的该房屋，应在房屋买卖合同中就租赁合同履行的相关事项进行明确约定。

四、思考题

2014年初，王鸿与胡强签订《房屋租赁合同》，王鸿将其所有的一处房产租给胡强一家三口居住，租期至2016年12月31日。后因生意周转不开，王鸿急需大笔资金，就动了出售该房屋的念头，因人在外地，王鸿就书面告知了胡强自己卖房的想法及出售条件，但胡强不置可否。后王鸿通过A中介于2015年5月将该房屋出售给了李光，但未提及其与胡强之间的租约，王鸿、李光正常履行了买卖合同，并办理了过户手续。但此时胡强找到王鸿，指责其侵害了自己作为承租人的优先购买权，要求王鸿把房子卖给自己。王鸿说自己已经提前通知过胡强自己要卖房了，并未侵害胡强的权利，李光主张自己是善意第三人且已经取得该房屋的所有权，不同意王鸿将房子卖给胡强。

【问题】你如何看待王鸿、胡强、李光各自的说法？作为负责这单买卖业务的经纪人，你会如何协助王鸿处理上述问题？

【答案】

（1）对于王鸿主张自己已经提前通知胡强、其并未侵害胡强优先购买权的说法，是合理的。因为在王鸿有卖房想法之后，就马上书面告知了胡强卖房的想法及出售条件，王鸿已尽到了"在合理期限内通知承租人"的义务。

（2）对于胡强主张自己的优先购买权被侵害的说法，是不成立的。因为王鸿在售房之前4个多月的时间就已书面告知胡强出售条件，但是，胡强并未作出明确表示其行使优先购买权、购买该房屋的意愿。而且，时隔数月，胡强亦未作出任何表示，胡强已通过自己的"默示"行为，表示其放弃了优先购买权。故，其主张自己优先购买权被侵害的说法是不成立的。

（3）对于李光主张自己是善意第三人且已取得房屋所有权，不同意王鸿将房子卖给胡强的说法，是正确的。因王鸿、胡强签订的《房屋租赁合同》并未登记备案，王鸿与李光签署买卖合同时亦未提及该房屋存在租约，且李光已全面履行了自己的义务并取得了该房屋的所有权，可以认定李光在买卖关系中是善意第三人，其取得该房屋产权也是合理合法的,王鸿不能将该房屋出售给他人;而且,如因王鸿隐瞒该房屋租约事实,导致王鸿不能全面履行买卖合同造成违约时,李光还有权利追究王鸿的违约责任。

(4)作为负责买卖业务的经纪人,应当在全面了解买卖关系和租赁关系相关情况的基础上,积极协助出售人王鸿解决上述问题:

1)提醒出售人保留好已提前通知承租人胡强售房的相关证据,并协助出售人与承租人进行沟通,建议承租人不要无理取闹。并可以考虑在与购房人沟通达成谅解的前提下,购房人与承租人继续维持租赁关系;

2)协助出售人与购房人李光积极沟通协商,争取李光的谅解(特别是继续维持租赁关系),并就协商结果签署书面的补充协议;如李光不能谅解、或不同意维持租赁关系,则经纪人初步提示相关风险给王鸿,并建议王鸿咨询专业法律人士,评估违约成本,以便做出理性选择。

五、出租房屋相关法律条文

(一)《中华人民共和国城市房地产管理法》

详见第五十三条、第五十四条、第五十五条和第五十六条。

(二)《商品房屋租赁管理办法》

详见第六条、第七条、第八条、第九条、第十条、第十一条、第十二条、第十三条、第十四条和第二十五条。

(三)《中华人民共和国合同法》

详见第二百二十九条和第二百三十条。

(四)《最高人民法院关于审理城镇房屋租赁合同纠纷案件具体应用法律若干问题的解释》

详见第二十一条和第二十四条。

(供稿:姜博)

专题 7 经济适用住房

> **导读**
>
> 经济适用住房签署的合同是否有效？签署合同时应注意哪些问题，合同中应如何约定？

一、经济适用住房的法律基本概念

经济适用住房区别于一般性质商品房，是一种具有社会保障性质的政策性住房，根据《经济适用住房管理办法》的规定，经济适用住房是指政府提供政策优惠，限定套型面积和销售价格，按照合理标准建设，面向城市低收入住房困难家庭供应，具有保障性质的政策性住房。

按照《经济适用住房管理办法》的规定，经济适用住房购房人拥有有限产权，购买经济适用房不满 5 年的，不得直接上市交易，购房人因特殊原因确需转让经济适用住房的，由政府按照原价格并考虑折旧和物价水平等因素进行回购，也就是说，购房人购买经济适用住房不满 5 年，按照政策要求，禁止将房屋转让给他人。

同时，购买经济适用住房满 5 年的，购房人上市转让经济适用住房的，应按照同地段普通商品住房与经济适用住房差价的一定比例向政府交纳土地收益等相关价款，政府可优先回购。购房人将已购满 5 年经济适用住房转让给他人的，政府可优先回购，一般政府放弃回购的，需要出具《放弃优先回购证明》方可办理后续上市交易手续，同时应向政府交纳土地收益等相关价款。

案例解析——签约时未说明是经济适用住房，签约后发现不能按期过户的法律后果

1. 事情经过

2012 年 11 月 28 日，杨某通过 A 中介，与正在出售房屋的张某签订的《北京市存量房屋买卖合同》及相关补充协议，约定以 150 万元的总价款购买张某的一套位于朝阳区的房子。签订合同时张某表示，自己的房子之前在银行做贷款，房屋所有权证书押在了银行。合同签订后，杨某按照合同的约定给付张某 5 万元定金和 12 万元购房款。

2. 纠纷产生

签订合同时，张某表示自己已取得房屋所有权证书，但实际上张某于 2013 年 1 月 22

日，才取得该房屋的所有权证书，且房屋性质为经济适用住房。后因该房屋不符合经济适用住房上市交易限制条件，《北京市存量房屋买卖合同》无法继续履行。

不能继续购买该房屋，杨某甚感委屈，一直诉状将张某告上法庭，要求张某返还已付购房款12万元、定金5万元，支付违约金30万元并赔偿房屋升值差价损失20万元。

3. 法院审理

在法庭上，张某辩称，在签订合同之前，张某已经告知杨某和A中介，出售的房屋是经济适用住房，并将该房屋的买卖合同、发票、缴税凭证交给A中介进行审核。A中介确认房屋符合上市交易条件后，张某才与杨某签订《北京市存量房屋买卖合同》。

合同签订后，张某也一直在积极配合履行合同，不仅清偿了贷款、解除了抵押，而且还办理了房产证、开具了相关证明等。即使在房屋无法过户的情况下，张某仍然在积极寻找办法解决这个问题，是杨某先放弃了合同的履行，应该由杨某来承担不履行合同的后果。

而且张某进一步辩称，其所出售的房屋目前不具备上市交易条件，与杨某签署的《北京市存量房屋买卖合同》及补充协议违反了国家相关法律、法规的强制性规定，属于无效合同。张某在履行合同过程中并没有实施任何违约的行为，杨某要求张某承担违约责任、房屋升值损失都没有任何事实依据。

A中介辩称，张某在签署合同时表示，该房屋取得房产证已满5年，但因未还清购房贷款，房产证被押在银行，办理完解押手续后就可以取回。A中介也是在合同履行过程中才得知该房屋尚未取得房屋所有权证的。事情发生后，A中介也曾组织双方就此协商，但双方未能达成一致意见。

法院审理认为，该房屋属于经济适用住房，目前尚不具备上市交易条件，杨某和张某所签署的《北京市存量房屋买卖合同》及补充协议违反了国家相关法律、法规的强制性规定，应认定为无效。

合同被认定无效后，双方基于该合同取得的利益应予返还，法院予以支持返还购房款及定金的诉讼请求，但是就违约金部分，合同已被判定为无效，违约条款亦属无效，因此就杨某要求张某支付违约金的诉讼请求不予支持。

但鉴于在签署合同时，张某对其是否已经取得房屋所有权证的错误陈述，根据张某的过错程度应对杨某给予一定赔偿，具体金额由法院结合实际履行程度及案件实际情况予以酌定。

4. 判决结果

最终，法院经过审理，根据《中华人民共和国合同法》第五十二条、五十八条规定，判决合同及补充协议无效，张某返还购房款17万元，并赔偿了杨某5万元，驳回了杨某的其他诉讼请求。

5. 法务分析

结合本案的判决结果以及前面讲到的经济适用住房限制交易条件，不难理解，法院判决合同无效的原因。

第一，我们文章开头讲到《房地产经纪管理办法》规定，购买经济适用住房不满5年的，不得直接上市交易，此为该办法的禁止性规定。

第二，该房屋转让行为发生在北京，根据《关于审理房屋买卖合同纠纷案件适用法律若干问题的指导意见》（京高法发［2010］458号），"相关政策、法规规定的限制上市交易期限内买卖已购经济适用住房，当事人主张买卖合同无效的，可予支持"。

因此，针对经济适用住房这种特殊性质的房屋交易，首先要明确该房屋是否已具备上市交易条件，其次应尽到更加审慎的核实义务，核实出售人提供的房屋产权证明文件，即没有下发房屋所有权证书的，应要求出售人提供原始购房合同，核实房屋性质、年限。

本案例部分节选自（2013）朝民初字第14898号。

二、出售／购买经济适用住房的注意事项

（1）明示房屋的特殊性质。在签订合同时，要明确告知合同相对方该房屋是经济适用住房，因为这关系到房屋能否上市交易的问题，在履行过程中，也比一般商品房手续、流程更为复杂，需要交易双方尽到更加审慎的注意义务。

（2）确定房屋年限，是否处于限制上市交易期限。已购经济适用住房是否满5年，是判断该房屋是否可以上市交易的唯一标准，一般可以查看缴纳契税取得完税凭证上记载的时间或已购房屋所有权证书记载的登记时间为准。

（3）个别地方对经济适用住房有特别规定的，遵照特别规定执行。以北京为例，一般情况下，售房转让的经济适用住房的原始购房合同在2008年4月11日以前签订，在转让时又约定满5年之后再办理房屋所有权转移登记手续的，法院一般也会认定为合同有效，因此在核实清楚上述问题后，可以签订房屋买卖合同。

三、思考题

甲拥有一套经济适用住房，欲通过A中介办理出售该房屋，但该房屋尚未满5年，且甲急于办理过户手续自称未满5年即可办理上市交易，问作为经纪人，你是否会为甲居间出售这套房屋？

【答案】建议不为甲居间出售此房屋。

（1）首先，该房屋尚处于限制上市交易期限，按照《经济适用住房管理办法》的规定，不得上市进行交易；

（2）其次，甲急于办理房屋所有权转移登记手续，因此在签署合同时并不能约定为在限制上市交易期限届满后再办理房屋所有权转移登记，具体业务操作不具备可执行性。

四、经济适用住房的相关法律条文

《经济适用住房管理办法》

第三十条 经济适用住房购房人拥有有限产权。

购买经济适用住房不满5年,不得直接上市交易,购房人因特殊原因确需转让经济适用住房的,由政府按照原价格并考虑折旧和物价水平等因素进行回购。

购买经济适用住房满5年,购房人上市转让经济适用住房的,应按照届时同地段普通商品住房与经济适用住房差价的一定比例向政府交纳土地收益等相关价款,具体交纳比例由市、县人民政府确定,政府可优先回购;购房人也可以按照政府所定的标准向政府交纳土地收益等相关价款后,取得完全产权。

上述规定应在经济适用住房购买合同中予以载明,并明确相关违约责任。

(供稿:李珊珊)

专题 8 已购公房

> **导读**
> 交易已购公房跟交易商品房有区别么？本专题结合场景从概念、分类、注意事项等几个方面为您详细阐述了已购公房的有关规定，让交易已购公房变得更加从容。

一、已购公房的法律概念

在二手房交易中，已购公房是经纪人经常会遇到的房屋类型，交易已购公房时，各方需要依照政策和法律的特殊规定办理各项手续。已购公房又称房改房，依照《北京市已购公有住房上市出售实施办法》第一条的规定，已购公房是指本市城镇居民按照国家和本市城镇住房制度改革政策的规定，购买并领取了房改成本价或标准价房屋所有权证的住房。更通俗点说，已购公房是具有特殊性质的交易房屋类型之一，职工享受房改政策所给予的优惠，以福利分房形式分配房产（仅可享受一次），并以有关部门指定的价格购买房屋，个人拥有全部产权或者部分产权。

具体而言，已购公房分为两类，一类为按照成本价购买的已购公房，另一类为按照标准价（优惠价）购买的已购公房。购买价格的高低将决定已购公房是否可以直接上市出售以及所补缴土地出让金的金额标准。

职工以成本价购买的住房，产权归职工个人所有，出售该已购公房时，在补交土地出让金或所含土地收益和按规定交纳有关税费后，收入归个人所有。

职工以标准价购买的住房，职工仅拥有部分产权。产权比例按售房当年标准价占成本价的比重确定。职工出售该已购公有住房时，需要补足房价款转为完整产权，方能依照房改成本价住房的有关政策上市出售。

二、出售 / 购买已购公房方式

（一）判断交易房屋是否属于不得上市出售的已购公有住房

居间出售已购公房时，经纪人应当了解交易房屋具体情况，判断其是否属于不得上市出售的交易情形。根据《已购公有住房和经济适用住房上市出售管理暂行办法》（建设部令第69号）第五条规定，已取得合法产权证书的已购公有住房可以上市出售，但有下列情形之一的已购公有住房不得上市出售：

（1）以低于房改政策规定的价格购买且没有按照规定补足房价款的；

（2）住房面积超过省、自治区、直辖市人民政府规定的控制标准，或者违反规定利用公款超标准装修，且超标部分未按照规定退回或者补足房价款及装修费用的；

（3）处于户籍冻结地区并已列入拆迁公告范围内的；

（4）产权共有的房屋，其他共有人不同意出售的；

（5）已抵押且未经抵押权人书面同意转让的；

（6）上市出售后形成新的住房困难的；

（7）擅自改变房屋使用性质的；

（8）法律、法规以及县级以上人民政府规定其他不宜出售的。

如果交易房屋符合以上任意条件的，不得上市交易，否则将可能导致履约困难，无法按期办理缴税过户手续，交易方甚至可能面临1万～3万元的罚款。因此，经纪人在面对已购公房交易单时，务必核实房屋信息、出售人信息，否则经纪机构将有可能因过失行为而承担相应赔偿责任。

（二）交易双方办理已购公房过户手续时所需递交的材料

若初步认定交易房屋不属于《关于已购公有住房和经济适用住房上市出售管理暂行办法》第五条中所列的限制上市出售情形的，交易双方应当严格按照法律和政策的规定，直接到房屋所在区、县国土房管局交易管理、权属登记部门办理过户手续。办理过户手续所需的材料如下：

（1）房屋所有权证（房屋所有权共有的，还需提交共有人同意出售的书面意见）；

（2）身份证或其他有效身份证明；

（3）与产权单位签订的公有住房买卖合同；

（4）与购房人签订的已购公有住房买卖合同。

（三）购房人需补缴土地出让金

出售已购公房时，相关方需要补缴土地出让金，土地出让金的金额标准依当年购房价格的不同而不同。在居间出售已购公房时，可以先区分交易房屋的当年购买价格，即以成本价购房还是以优惠价（或者标准价）购房，接着分别按照下述公式计算应当缴纳的土地出让金。

（1）若出售人当年以成本价购房：土地出让金＝当年成本价×建筑面积×1%（该税由购房人承担）。

（2）若出售人当年以优惠价（或者标准价）购房：①先补成本价：当年成本价×建筑面积×6%（该费用由出售人承担）②后缴纳土地出让金：土地出让金＝当年成本价×建筑面积×1%（该税由购房人承担）。

其中，当年成本价指的是该房产实际上市出售的当年，由政府颁布的房改房成本价，也就是"今年"的成本价，不同区县对当年成本价的标准略有差别，城八区的当年成本价为1560元/平方米，远郊区的当年成本价为1120元/平方米。不同区县对当年成本价的标准略有差别，城八区的当年成本价为1560元/平方米，远郊区的当年成本价为1120元/平方米。

另外，已购公有住房的购房人若按规定缴纳土地出让金的，权属登记部门在制发房屋所有权证时会在附记栏中注明土地出让金或土地收益缴纳情况并加盖印章，以证明该房屋相关的土地使用权的出让情况。已购公房在上市出售并且按照规定缴纳土地出让金之后，其产权性质即等同于商品房产权了，各项交易手续可以参考商品房办理。

（四）购房人所需缴纳各项税费

（1）增值税：已购公有住房上市出售时，暂免征土地增值税；

（2）契税、印花税：按照商品房的契税和印花税标准交纳；

（3）个人所得税：对出售人出售自用五年以上且是家庭唯一生活用房的已购公有住房所得，免征个人所得税；不符合上述免征个人所得税条件的出售人出售已购公有住房，其应纳税所得额为产权人个人出售已购公有住房的销售价格，减除住房面积按经济适用住房价格计算的价款（以市政府公布的经济适用住房基准价为准）、原支付超过经济适用住房基准价格的房价款部分、向财政或原产权单位缴纳的所得收益以及税法规定的合理费用后的余额。

（4）营业税方面如果已购公房面积是非普通住房，出售人缴纳的营业税按照普通住宅缴纳，即如果房屋满2年的则免征营业税，如果房屋未满2年的，营业税为网签价的5.6%。判断已购公房是否满两年的标准有三个，满足其中一个即可：房产证填发日期、原始购房合同签署日期、第一笔购房款的收据日期。

（5）已购公房抵税问题：出售人上市出售已购公有住房一年内新购商品房的，按新购商品房与出售已购公有住房成交价的差额计征契税。其应缴纳的营业税、契税、个人所得税，均由国土房屋管理局代征，并开具完税凭证及房（地）产交易的发票。也就是说，已购公有住房的出售人在出售已购公有住房后一年内，如果另行购买商品房的，那么在缴纳与该商品房相关的税费时，可以抵消部分税款。

（五）是否涉及央产房的问题

本专题所称已购公房，不包括中央在京单位已购公有住房。根据《北京市已购公有住房上市实施办法》第二条，对在京中央和国家机关、军队以及中央在京企事业单位职工已购公有住房上市出售的管理，另有规定的，从其规定。换句话说，如果交易房屋是央产房的，那么交易时参考《中央在京单位职工住房档案建立适用管理暂行办法》、《关于在京中央单位已购公房上市出售有关问题的通知》等专门就央产房上市交易事项进行规定的文件；如果交易房屋是除央产房以外的已购公有住房的，那么交易时应当遵守本专题附录中涉及的政策文件规定，参照本文若干要点办理相关交易手续。

三、思考题

赵小英就职于某国有矿业公司，2005年赵小英依照房改政策规定，以成本价购买了该矿业公司的402号房屋。2005年12月底赵小英取得新房本。2011年3月，赵小英通过A中介出卖该房屋，并决定通过A中介在一年内另行购买位于本市的一套商品住宅。请问，在本案中，需要注意哪些要点？

【答案】

第一，在出卖已购公房时，经纪人应当谨慎、充分审查交易房屋是否属于限制上市出售的情形。

第二，应根据原始购房合同判断交易房屋是否涉及央产房，如涉及，需办理央产上市手续。

第三，办理缴税手续时，需要注意购买人应当补缴土地出让金，并按照《关于已购公有住房和经济适用住房上市出售管理暂行办法》的特殊规定缴纳各项税费。

第四，本案主人公赵小英在出售已购公房后一年内另行购买商品房的，涉及抵税问题。

四、已购公有住房相关法律条文

（一）《关于已购公有住房和经济适用住房上市出售管理暂行办法》

详见第五条、第六条、第七条、第十条、第十三条和第十四条。

（二）《北京市已购公有住房上市出售实施办法》（节选）

一、本办法所称已购公有住房，是指本市城镇居民按照国家和本市城镇住房制度改革政策的规定，购买并领取了房改成本价或标准价房屋所有权证的住房。

二、本办法适用于本市行政区域内已购公有住房首次上市出售。

对在京中央和国家机关、军队以及中央在京企事业单位职工已购公有住房上市出售的管理，另有规定的，从其规定。

四、上市出售已购公有住房，出售人凭房屋所有权证（房屋所有权共有的，还需提交共有人同意出售的书面意见）、身份证或其他有效身份证明、与产权单位签订的公有住房买卖合同、与买受人签订的已购公有住房买卖合同，由买卖双方直接到房屋所在区、县国土房管局交易管理、权属登记部门办理过户手续。

五、已购公有住房上市出售，应当依法缴纳有关税费，取得收入。取消本市有关部门关于已购公有住房上市出售成交单价在4000元以上与原产权单位进行收益分配的规定。

城镇居民上市出售按房改成本价购买的公有住房，在按规定缴纳税费后，收入全部归产权人个人所有。

城镇居民上市出售按房改标准价购买的公有住房，在按规定缴纳税费并扣除按当年房改成本价6%计算的价款后，收入全部归产权人个人所有。同时，也可以向房屋所在区、县国土房管局交易管理部门申请按当年房改成本价的6%补交房价款后，按照房改成本价的有关政策上市出售已购公有住房。应按当年房改成本价6%计算扣除的价款，由区、县国土房管局交易管理部门代收代缴，其中，本市城近郊八区应按月上缴市国土房管局，再由市国土房管局统一上缴市财政，纳入市住房基金专户管理。原产权单位要求返还的，由市财政返还。

六、上市出售的已购公有住房，由买受人在办理房屋权属登记手续时按照当年房改成本价的1%补交土地出让金或土地收益。权属登记部门在制发房屋所有权证时，应在附记栏中注明土地出让金或土地收益缴纳情况并加盖印章。

按房改成本价购买公有住房的城镇居民，也可以按照当年房改成本价的1%补交土地出让金或土地收益后，向房屋所在区、县国土房管局申请办理商品房房屋所有权证。

八、居民购买并居住一年以上的已购公有住房，上市出售时免征营业税。居民购买并居住不足一年的已购公有住房，上市出售时营业税按售价减去住房补贴面积标准部分的经济适用住房价款、已支付的超标处理款、向财政或原产权单位缴纳的款项和税费后的差额计征。

已购公有住房上市出售时，暂免征土地增值税。

对产权人出售自用五年以上且是家庭唯一生活用房的已购公有住房所得，免征个人所得税；不符合上述免征个人所得税条件的产权人出售已购公有住房，其应纳税所得额为产权人个人出售已购公有住房的销售价格，减除住房面积按经济适用住房价格计算的价款（以市政府公布的经济适用住房基准价为准）、原支付超过经济适用住房基准价格的房价款部分、向财政或原产权单位缴纳的所得收益以及税法规定的合理费用后的余额。

九、居民上市出售已购公有住房一年内新购商品房的，按新购商品房与出售已购公有住房成交价的差额计征契税。其应缴纳的营业税、契税、个人所得税，均由国土房屋管局代征，并开具完税凭证及房（地）产交易的发票。

（供稿：张晨婷）

专题 9　央产房

> **导读**
>
> 准备换一套市区内的房子，听说央产房地段好、交通便利、社区成熟、教育环境优越，但对于什么样的房子是央产房并不清楚，它与普通的商品房交易流程有什么不同，我应该注意哪些问题呢？买卖央产房签署的合同是否有效？

一、央产房的法律概念

（一）央产房的概念

央产房，全称是中央在京单位已购公房，即原产权单位为各部委以及中央直属机关的房产。是指职工按房改成本价或标准价（优惠价）及其他国家认可的优惠办法购买的原产权属于中央在京单位、国有大中型企业、国务院各部委机关等处的公有住房。其中，"中央在京单位"主要包括：党中央各部门、全国人大机关、全国政协机关、最高人民法院、最高人民检察院、国务院各部委、各直属机构、各人民团体及其所属单位。

（二）央产房上市交易的条件

第一，原产权单位已经建立住房档案；第二，已经取得房屋产权证；第三，有超标情况但已在原产权单位作过超标处理；第四，不属于国家安全、保密的特殊部门的住房，党政机关、科研部门及大专院校等单位在机关办公、教学、科研区内的住房。

或者直接去央产房交易办公室领取《中央在京单位已购公房上市出售登记表》，经交易办公室核准后，即可办理上市交易手续。

> 需要特别注意的是，凡属超标而未处理的住房，须经原产权单位按规定超标处理后方可上市出售。同时，央产房上市还要符合有关住房档案和买卖合同的规定。出售人没有建立住房档案的，应补建住房档案后方可上市出售。出售人上市出售时应提交与原产权单位签订的公有住房买卖合同，无法提交的可以按房改售房的档案材料或原产权单位出具的证明作为依据。

（三）中央在京单位已购公房上市交易需要的手续

出售人应填写《中央在京单位已购公房上市出售登记表》，交易办公室根据职工住房档案进行核对。核对无误的，出售人可到房屋所在区、县国土房管局交易管理、权属登记部门办理过户手续，也可委托定点交易机构代为办理房屋买卖以及交易过户手续，并提供以下材料：

（1）房屋所有权证书；
（2）房屋共有权人同意出售的书面意见；
（3）身份证或者其他有效身份证明；
（4）与原产权单位签订的公有住房买卖合同；
（5）与买受人签订的已购公房买卖合同；
（6）物业费、供暖费清结证明。

出售人没有建立住房档案的，应当补建住房档案。出售人无法提交与原产权单位签订的公有住房买卖合同的，可以房改售房的档案材料或原产权单位出具的证明作为依据。

二、签约后发现无法办理央产上市的法律风险或后果

案例解析——未办央产上市要担责

1. 事情经过

2012年6月，购房人刘某在A中介的居间下与房屋出售人顾某签订了《买卖定金协议书》、《北京市存量房屋买卖合同》及《补充协议》。约定刘某购买顾某位于北京市海淀区一套已购公有住房。房屋价款130万元；该房屋家具、家电装修及配套设施作价63万元，总计193万元。

2. 纠纷产生

签完约之后，A中介通知房屋产权人其所售房屋系中央在京单位已购公房，即央产房，需要办理上市审批手续，才能完成交易过户，但出售人称购房人刘某未按合同约定在面签时支付首付款，所以不同意办理央产上市审批证明。双方为此发生争议，无奈之下，购房人刘某与2012年11月2日向出售人邮寄《关于解除〈北京市存量房屋买卖合同〉的通知》。要求解除房屋买卖合同，返还购房定金5万元，并支付违约金38.6万元。

3. 法院审理

顾某辩称，刘某应当按照合同约定先向我支付首付款，可其未向我付款，其已经构成根本违约，我有权行使先履行抗辩权，不予办理房屋权属转移登记。

法院审理认为，刘某与顾某签署的《买卖定金协议书》、《北京市存量房屋买卖合同》、《补充协议》是各方在自愿的基础上签订的，且未违反法律、行政法规的强制性规定，合法有效。各方应按照约定全面履行自己的义务。本案中根据证据及交易惯例，出售人应当在面签前先办理央产上市手续，其经A中介催告后在合理期限内仍未履行，应当返还购房定金及赔偿违约金。

4. 判决结果

最终，一审法院认定，解除刘某与顾某签订的《买卖定金协议书》、《北京市存量房屋买卖合同》、《补充协议》；顾某返还购房定金五万元并按照房屋总价款百分之二十的约定向刘某支付违约金三十八万六千元。

5. 法务分析

我们通过本案的判决可以确定：第一，签约时未办理央产上市的房屋买卖合同是合法有效的，第二，因产权人的原因导致上市手续未办理需要承担违约责任。但是也因无央产上市手续购房人无法主张继续履行合同，办理房屋过户。所以在接受房屋出售委托时就应当及时确认房屋性质，如属于央产应当尽快协助产权人办理央产上市，避免签约时无央产上市手续，导致合同履行过程中发生纠纷。

本案例部分节选自（2013）海民初字第6789号判决节选。

三、思考题

【问题1】房屋产权人办理央产房权属转移登记时需要提交哪些资料？

【答案】

《房屋所有权证》、《原购房合同》、《中央在京单位已购公房上市出售登记表》、《物业、供暖结清证明》、本人身份证、户口本复印件。

【问题2】怎么辨别出售房屋是否为央产房？

【答案】

（1）确定是不是央产房需要看原购房合同，如果购房协议上的出售人或者原来的单位属于中央国家机关、国务院的部委办局、国务院直属机关、国家直属企业（如中石油、建设银行总行等企业名称以中国开头的）、国家级社团组织（全国妇联等）、全国人大以及政协机关、国家直属机构下属单位、部委的下属企业（如外交部下属的中国外文印刷厂）的。

（2）如果是属于央产房,需要在位于蓝岛大厦的央产大厅办理备案建档手续方可上市。

（3）原单位如果已经撤销那么就要看其上级主管单位属于哪里，如果属于上述提及的机构就是央产房。

四、央产房相关法律条文

（一）《中央在京单位职工住房档案建立使用管理暂行办法》（国管房改[2003]205号）

（二）《在京中央和国家机关职工住房面积核定及未达标、超标处理办法》（国管房改字[2000]36号）

（三）《关于在京中央单位已购公房上市出售有关问题的通知》（国机房改[2012]29号）

（四）《关于印发中央在京单位已购公有住房上市出售管理办法的通知》国管房改[2003]165号

详见第二条、第八条、第九条、第十二条和第十七条。

（供稿：孙凤起）

专题 10　学区房

> **导读**
> 　　出售人将其房屋作为"学区房"出售,但是后来发现并不是"学区房"怎么办?签订合同时房屋还属于"学区房",过户后政策变化导致房屋被学校"除名"怎么办?"学区房"中有他人户口,导致购房人无法取得入学资格怎么办?

一、学区房的基本概念

所谓"学区房",顾名思义,指的是在学校资源辐射范围内的房产。按照我国的相关教育政策,小学的招生都是就近入学。也就是说,如果孩子落户于该学校周边,即入住所谓学区房,则可以依据就近原则就读该学校。

也正因为学区房涉及孩子未来的教育问题,所以,有这方面需求的购房人购买学区房的愿望通常十分迫切。再加上学区房对比一般房屋来说价格要相对高昂一些,以及后续的入学牵扯户口等问题,所以购房人在购买学区房的过程中对于经纪人的要求也必然要高一些。故而,在此过程中经纪人需要对学区房购买的风险了解透彻,才可以做到高质量地完成居间服务。

二、学区房交易风险

由于现在房屋价格通常比较高,房屋的买卖属于大额的金钱交易,过程就更加复杂,而且存在更多的易发风险。因为通常学区房的购买目的,已经不仅是为了居住,更多的是为了获得学校的入学名额,因此交易风险尤甚。

概括来讲,学区房买卖过程中可能发生的风险通常有以下几种:

(一)出售人欺诈或误认

1. 欺诈

出售人明知自己的房屋不在名校招生区域内,却故意隐瞒、虚构其房屋属于学区房的事实,将其房屋作为学区房出售。

2. 误认

除了出售人明确欺诈的情况，还有一种可能性，情形与之相类似，但是出售人无欺诈的故意，即出售人也不清楚自己的房屋是否属于学区房。出售人的房屋可能与学校属"近邻"，于是就想当然地认为自己的房屋属于该校学区房，从而与购房人订立合同。这种情况最终同样导致购房人无法实现入学的房屋购买目的。

（二）政策变化

所谓政策变化，通常指的是在购房人和出售人双方签订买卖合同时，按照当时当地的招生政策，房屋属于某校的学区房。但是，过户后，学校的招生政策发生变化，导致房屋不属于新政策下的学区房，最终导致购房人无法办理入学。

（三）资格或条件不符

资格或条件不符的风险通常指的是，房屋确实属于学区房，但是由于房屋内有户口没有迁出，导致入学名额被占用，无法办理入学。或者是招生政策对户口迁入的时间或者是入学的主体资格有特殊要求，而购房人事前并不知悉相关入学条件，不知道自身并不符合资格，最终导致了购买学区房但是无法入学的情况发生。

三、出售/购买学区房的注意事项

基于上述分析，我们可以看出，学区房的交易过程还是存在很多风险的，而且通常购买学区房的购房人都是有迫切的入学愿望，对于他们来说，时间和精力都耽误不起。所以，经纪人在交易过程中对风险的把控就显得尤为重要。

（一）房屋不是学区房的风险防控

购房人可以通过诉讼或仲裁要求撤销买卖合同，同时要求出售人返还购房款并赔偿损失。如果是出售人欺诈，虚构事实，导致购房人被欺骗从而订立合同。这是完全具备合同欺诈构成要件的。按照我国《合同法》第五十四条的规定："一方以欺诈、胁迫的手段或者乘人之危，使对方在违背真实意思的情况下订立的合同，受损害方有权请求人民法院或者仲裁机构变更或者撤销。"即购房人有权自知道被骗之日起一年内行使撤销权。

所以，为了防控此类风险的发生，经纪人在此过程中需要做的就是在购房人与出售人双方签约前，严格核实出售人的房屋是否属于对应学校的学区房。所以，经纪人应当特别关注商圈内的学校招生区域的划分情况，并且时时关注这种划分有没有发生变化，尽到严格核实的义务，才能确保不会有出售人欺诈或者误认而最终导致合同目的落空的情况出现。

（二）政策变化的风险防控

购房人可以依据我国《合同法》关于情事变更的原则提起诉讼，要求解除合同。如果学校在房屋过户后，招生政策发生变化。在这种情况下，如果购房人在合同中明确表达其购买房屋的目的就是该校的入学名额的话，根据我国《最高人民法院关于适用〈中华人民共和国合同法〉若干问题的解释（二）》第二十六条："合同成立以后客观情况发生了当事人在订立合同时无法预见的、非不可抗力造成的不属于商业风险的重大变化，继续履行合同对于一方当事人明显不公平或者不能实现合同目的，当事人请求人民法院变更或者解除合同的，人民法院应当根据公平原则，并结合案件的实际情况确定是否变更或者解除。"

由于这种政策的变化是所有人都无法预见的，建议经纪人在合同中明确，其只对签订合同当时的招生政策负责任。即，如果在签订合同时的学区房符合招生政策，则其已经尽到了居间服务所应尽的义务，对事后的政策变化经纪人不负责任。

（三）资格不符的风险防控

学区房最重要也是最核心的一点就是入学资格。在这个过程中，经纪人要首先了解学校的招生政策，将生源所需条件告知购房人，供其参考。由购房人考虑其自身条件，从而决定是否购买相应房屋。防止由于其自身条件所限，导致无法实现合同目的。

其次，在购房人条件符合招生政策的情况下，经纪人要确认原房屋内的户口是否已经全部迁出。如果签订合同时原房屋内仍有户口尚未迁出，那么，在签订合同的时候就应当对户口迁出的时间做出明确的约定，并且预留出一部分户口迁出保证金，以便更好地督促出售人履行义务。并且在补充协议中明确购房的根本目的是为了能有入学资格，如果出售人违反其关于户口迁出的承诺导致无法实现入学，购房人有权解除合同。

另外，建议经纪人应当亲自到派出所的户籍科核实房屋内的户口。有时在实际操作中存在一种情况，即，出售人的户口已经全部迁出，但是房屋内还留存有前出售人甚至是前数个出售人的户口未迁出，并可能存在占用入学名额的情况。

综上，在处理学区房的交易中，第一，应当注意房屋是否确属学区房；第二，注意学校的招生条件；第三，注意房屋内户口情况，签订合同时预留一定的户口保证金，并且增加出售人的承诺条款，即如果无法迁出户口导致无法取得入学资格，购房人可以解除合同。

四、思考题

购房人想要购买一套学区房，出售人声称自己的房屋是某重点小学的学区房想要出售，经纪人应当如何处理？

【答案】

（1）首先去核实学校的招生范围，以便确定房屋是否属于学区房。

（2）其次核实学校的招生条件，以便确定购房人是否符合条件。

（3）查询房屋内户口情况，确定入学名额是否被占用。

（4）预留户口迁出保证金。

（5）增加合同条款，约定出售人无法实现户口迁出承诺，购房人有权解除合同。

（供稿：冷宇虹）

专题 11　继承房屋

> **导读**
> 出售人已故，房子由出售人儿子出售给我，已签署买卖合同并支付部分房款，但出售人妻子和女儿事后得知，不同意出售，要求解除合同。我该怎么办？

一、继承的法律基本概念

民法中的继承是一种法律制度，即指将死者生前的财产和其他合法权益转归有权取得该项财产的人所有的法律制度。

二、继承的顺序及相关法律概念

（一）继承分类及顺序

1. 法定继承

是指在被继承人没有对其遗产的处理立有遗嘱的情况下，由法律直接规定继承人的范围、继承顺序、遗产分配的原则的一种继承形式。该继承并不直接体现被继承人的意志，仅是法律依推定的被继承人的意思将其遗产由其亲近亲属继承。《继承法》中遗产的继承顺序为：第一顺序：配偶、父母、子女。第二顺序：兄弟姐妹、祖父母、外祖父母。继承开始后，由第一顺序继承人继承，第二顺序继承人不继承；没有第一顺序继承人继承或虽有第一顺序继承人但全部放弃或丧失继承权的，由第二顺序继承人继承；同一顺序法定继承人继承遗产的份额，一般应当均等，法律另有规定的除外。

2. 遗嘱继承

是指按照立遗嘱人生前所留下的符合法律规定的合法遗嘱的内容要求，将遗产的全部或部分指定由法定继承人的一人或数人继承。遗嘱继承的效力优于法定继承的效力。

3. 遗赠扶养协议

是受扶养的公民和扶养人之间关于扶养人承担受扶养人的生养死葬的义务，受扶养人将财产遗赠给扶养人的协议。该协议效力高于法定继承和遗嘱继承，应优先适用。

（二）继承条件

继承是一种法律制度，继承关系只有在一定条件下才能发生。

（1）继承应当在被继承人死亡后才能发生，这也是继承开始的前提条件。此时继承应区别于赠与。若张三重男轻女思想严重，一生无所期盼，终在50大寿时，喜获麟儿。因其高兴之至，将名下的房屋赠与儿子。此时因张三仍在世，故此为生前赠与，而非继承。

（2）继承遗产的人应当是被继承人的合法继承人。继承法中对法定继承人已做出规定，均已包含在第一顺序和第二顺序内。若被继承人生前立下遗嘱，将其名下的房产赠与小侄女，此时处分财产的行为依然合法有效，但已不是继承，而是赠与。

（3）遗产应当是被继承人生前属于个人所有的财产。只有个人的财产本人才有权利予以处分。若被继承人名下房屋为夫妻共有，一方死亡时，并非所有的房屋都成了遗产。应当先将房产进行产权分割，将属于被继承人配偶的份额（除另有约定外）分割出去以后，再对剩下份额进行继承。

（4）遗产应当是被继承人生前的合法财产。不可继承的遗产是指与被继承人的人身密不可分的人身权和与公民人身有关的债权债务等等。所以，古语中的"父债子还"在法律上是没有办法成立的。

三、签约后无法办理继承公证的法律风险或后果

司法部、建设部于1991年联合下发《关于房产登记管理中加强公证的联合通知》（司公通字［1991］117号）（以下简称《联合通知》），按该《联合通知》的要求，不管是法定的还是遗嘱继承房产，还是赠与、遗赠房产，只要到房管部门办理过户登记，都需要提前到公证机关办理公证。办理房屋遗产继承公证是办理房产过户，领取新的房产证的前提条件。如果继承人代被继承人签署买卖合同，但后期未办理继承公证，可能面临无法办理房屋过户手续、继承人无法领取新的房本，无法将房屋顺利出售等风险。造成签订的房屋买卖合同不成立、无效，引发纠纷，给买卖合同当事人造成经济损失。

案例解析——已故老人为出卖人，合同被判无效

1. 事情经过

孙大爷和张大娘为夫妻，婚后育有一子一女，女儿孙小美成家后一直居住在外。两夫妻婚后购置一套房屋，登记在孙大爷名下。孙大爷和张大娘2014年相继去世，儿子孙大帅

一直居住在老两口生前留下的房屋内。眼看着大帅已到适婚年龄心里着急，计划着卖掉现在房子换个新点的婚房娶媳妇儿。2014年7月，在未办理任何房屋继承手续的情况下，在A中介下，孙大帅以自己的名义将房屋卖给李某，签署房屋买卖合同，当日李某支付定金10万元。

2. 纠纷产生

签约后一日，李某与朋友闲聊，得知该房屋成交价格高于市场价格后，很是懊恼。再三思量后，决定以其不具备北京市购买住房的资格为由，找大帅要回定金。大帅果断拒绝后，李某回家找到买房时签署的房屋买卖合同，发现合同上房屋出卖人愕然写着孙大帅的名字。李某欣喜若狂，以孙大帅未办理继承公证手续、无法继承房屋产权为由再次要求大帅退回定金。再次遭到拒绝后，李某以合同出售人不适合的理由诉至法院，要求确认合同无效、定金退回。

3. 法院审理

庭上，大帅辩称房屋买卖合同已成立并生效。第一，李某在合同时已知晓孙大爷已去世的事实，居间服务合同中也有"房屋有继承"的约定；父亲已去世，该房屋真正产权人是自己，以个人名义签署合同没有任何问题。第二，李某明知自己不具备购房资格，还要与我签订房屋买卖合同，系其自己的过错，不利后果应由其自己承担。

法院审理查明，房屋买卖合同所载明的订立双方分别为购房人李某、出售人孙大帅。在李某明知孙大爷已去世，仍然与大帅签订合同存在过错。但孙大帅继续占有李某的10万定金无合法依据，故应当予以返还。依照审判程序，法院组织双方调解结案。

4. 判决结果

在法院见证下，双方协商一致，解除买卖合同。孙大帅应于本判决生效后七日内退还李某人民币10万元。

5. 法务分析

上述案件中，法院组织双方调解，最终达成一致意见，解除房屋买卖合同。在订立合同时，孙大爷死亡继承已然开始，孙大帅应办理继承公证换领新的房本后再行签署房屋买卖合同。这样既合乎法律规定，又节约成本，保障合同顺利履行。

四、未经其他继承人同意出售房屋的法律风险或后果

若原产权人去世，继承开始后，如无继承人放弃继承权或被剥夺继承权，那么所有的继承人对继承房屋享有平等的处分权利。在共同共有关系存续期间，部分共有人擅自处分共有财产的，构成无权处分，对外签订的合同一般认定无效。

案例解析——擅自处分引发的合同无效

1. 事情经过

张某结婚后，生育一子一女，即儿子张甲和女儿张乙。张某的丈夫因疾病早故，子女由张某抚养长大成人，留下房屋共 6 间。三人居住其中 3 间，另外 3 间租给刚结婚的邻居陈某夫妇。三人共同协商决定，一旦租期届满就收回房屋，然后再协商分配方法。不久，张乙出嫁，就只剩张甲与其母张某继续住在 2 间房子中。

2. 纠纷产生

其后，张乙与丈夫离婚，并携带部分财产回娘家居住，找到陈某夫妇要求腾出自己原住的那一间住房时，遭到陈某夫妇的拒绝，张乙这才知道房子已被其哥哥卖掉，并告诉一直不知情的母亲张某。张乙认为，房子为父亲生前留下，自己和母亲都有份额，哥哥卖房未征得家里其他人的同意，当然不能算数。陈某夫妇拒不答应还房，并认为自己是从张甲处买的房子，房款已交给张甲，双方订立了二手房买卖合同，有什么问题应找张甲。而张甲则认为，妹妹出嫁后丧失继承权，母亲年事已高一直由自己赡养，自己有权处置。双方协商不成，诉至法院，要求法院判决房屋买卖合同无效。

3. 法院审理

法院依法查明，涉案房屋系张父生前合法取得。张父去世后，张甲以个人名义将其中 3 间房屋出售给陈某夫妇，并签订房屋买卖合同，但未办理房屋产权过户手续。根据《继承法》规定，张某、张甲和张乙均为第一顺序继承人，享有同等的继承权利，对继承财产具有平等的处分权。张甲未经张某和张乙同意擅自出售房屋，构成无权处分。

4. 判决结果

根据《民法通则》第七十八条、最高人民法院《关于贯彻执行〈中华人民共和国民法通则〉若干问题的意见（试行）》第 89 条的规定，判决如下：张甲与陈某夫妇签订的房屋买卖合同无效；陈某在本判决生效之日起 30 日内搬离该房屋，其经济损失由张甲承担。张甲除将陈某给付的房款退回后还给予了大额赔偿，陈某夫妇重新找房。

5. 法务分析

在本案中，法院最终判决张甲与陈某的房屋买卖合同是无效的。根据最高院《民通意见》第 89 条规定，共同共有人对共有财产享有共同的权利，承担共同的义务。在共同共有关系存续期间，部分共有人擅自处分共有财产的，一般认定无效。结合本案，原告张某和张乙同张甲一样对房屋享有平等的权利和义务，任何一方都不得擅自行使权利，侵犯他人合法权益。被告张甲在未经张某和张乙同意下擅自出卖房屋是违法行为。尽管陈某夫妇已支付房屋价款，但仍违背了法律的强制规定，基于法律中当事人不得因违法行为受益的原则，该买卖关系仍应归于无效。

五、出售 / 购买涉及继承房屋的方式

（一）办理继承权公证，领取新的房本

确定继承人后，需要办理继承公证，将房产过户给其中一位继承人或几位继承人（共有），并前往住建部门领取新的房屋所有权证书（不动产权证书）。

办理继承公证应提交的主要材料包括：
（1）被继承人死亡证明；
（2）被继承人单位或居委会开的继承证明；
（3）继承人身份证明；
（4）房产证明；
（5）公证处要求的其他材料；
（6）由继承人出具《同意出售证明》。

取得全部继承人的出售同意，是遗产房屋出售的前提条件，否则，合同无效。每个继承人可以分别签署《同意出售证明》，也可在一份《同意出售证明》中亲笔署名（加按指印）确认同意出售的事项。

（二）签署房屋买卖合同、办理过户手续

由全部继承人签署房屋买卖合同等交易文件，办理房屋过户等相关手续。需要特别注意的是：

（1）几位继承人共有的房产，需要全部继承人到场办理合同签署及相关过户手续，如有继承人不能出席，则未到场的继承人需要给到场办理人员出具书面的《同意出售证明》和《授权委托书》。

《同意出售证明》和《授权委托书》不能相互替代，《同意出售证明》是表示共有权人同意房屋出售，而《授权委托书》是保证签署合同或办理过户手续的人员有权代理的合法有效性，所以，如果共有权人不来签约或办过户手续的，那么这个共有权人既要出具书面《同意出售证明》，同时又要出具书面《授权委托书》。

（2）如果在签署合同的时候，继承人尚未领取新的房屋所有权证书，那么房屋买卖合同等交易文件应当由全部继承人签署，缺一不可；未能亲自到场签署的继承人应出具《同意出售证明》和《授权委托书》；否则，合同无效。

（3）经纪人在收到《同意出售证明》和《授权委托书》时，应向提交人索要共有权人的联系电话或电子邮箱，并应亲自致电核实（也可同时留存短信或电子邮件）。

六、思考题

张某与李某系夫妻，婚后育有女儿张大和儿子张小，名下有一共同房产。2014年张某车祸去世，去世时无遗嘱。2015年，张大欲将该房产通过中介公司出售。

【问题】如果你是签约经纪人，应如何操作？

【答案】

第一步：确定继承人

该案例中没有遗嘱继承，因此按照法定继承来确定继承人。出售房屋的继承人为配偶李某、女儿张大和儿子张小，继承比例分别为：

李某享有2/3（计算方法：1/2+1/6，出售房屋为共同财产，所以配偶先分一半，另外一半由三名继承人平均分配）；

女儿张大享有1/6；

儿子张小享有1/6。

第二步：办理继承公证，换领新的房屋所有权证

应持相关材料先到公证处办理继承公证，办理完毕后，房屋登记机关办理房屋所有权人为李某、张大和张小的房屋所有权证书。

第三步：签署房屋买卖合同

由李某、女儿张大和儿子张小共同签署房屋买卖合同，并按照交易程序共同办理房屋过户手续。

七、继承相关法律条文

（一）《中华人民共和国继承法》

详见第二条、第三条、第五条、第十条和第二十六条。

（二）《中华人民共和国合同法》

详见第九条、第五十二条和第五十八条。

（供稿：姬晴晴）

专题 12　赠与房屋

> **导读**
> 　　将房屋赠与他人，在未办理产权转移登记前能否撤销赠与？受赠房产后，如果将房屋登记在自己名下，能否出售该受赠房屋？

一、赠与房屋的法律基本概念

　　房屋赠与，指赠与人自愿、无偿地将自己所有的房屋赠与给他人，他人愿意接受该赠与的一种民事法律行为。想要了解房屋赠与的相关情况，首先要了解一下赠与的概念与相关的规定。

　　1. 赠与的概念

　　按照我国《合同法》及相关法律法规的规定，赠与是赠与人将自己的财产无偿给予受赠人，受赠人表示接受的一种行为，赠与的财产需要依法需要办理登记的，应当办理登记手续。按照该法律规定,例如不动产即房屋发生所有权变动的应当依法办理登记手续，如果赠与人赠与的财产属于房屋的，除有赠与的意思表示外，还应当去相关部门办理产权转移登记手续，此时赠与行为才完成。

　　2. 撤销赠与

　　赠与人在赠与财产的权利转移之前可以撤销赠与，但是经过公证的赠与合同是不能够撤销的。此处有三层意思，第一，如果赠与财产为房屋的，在未办理所有权转移登记之前，该赠与行为是可以撤销的；第二，如果赠与财产为房屋的，已经依法办理了所有权转移登记手续，将房屋过户到受赠人的名下后，赠与人不能再撤销该赠与，即不能再要求受赠人返还其已赠与的房屋；第三，如果赠与人与受赠人之间的赠与行为已经签署了赠与合同并办理公证手续的，赠与人不能再反悔即撤销该赠与。

　　3. 赠与财产的返还

　　按照前述规定，赠与行为撤销的，赠与人可以要求受赠人返还已赠与的财产。

　　4. 关于赠与房屋的其他规定

　　《婚姻法》解释三针对婚前或婚姻关系存续期间房产的赠与有进一步明确的规定，

当事人约定将一方所有的房产赠与另一方的，赠与方在赠与房产变更登记之前撤销赠与，另一方请求判令继续履行的，人民法院可以按照上述撤销赠与的规定处理，可以看出《婚姻法》司法解释三针对房产赠与的规定依然沿袭了《合同法》中关于赠与的相关规定。

二、出售/购买涉及赠与房屋的注意事项

根据赠与可以撤销的原则，赠与行为的完成需要以下两个步骤：第一，有赠与的意思表示，赠与应签订书面的赠与合同，并办理赠与公证手续；第二，赠与后需要办理登记的应当依法办理登记手续，不需要办理登记的应直接交付。因此，在实际业务操作过程中，如果出售人并未取得房屋所有权证书，只持有赠与合同，并未办理权属转移登记的，请切勿签约。因在未办理权属转移登记前，赠与人可以撤销赠与，受赠人无法取得房屋所有权，即没有房屋的处分权。无处分权人签订的合同在未经权利人追认的情况下，所签订的合同是无效的，因此房屋购房人可能会面临钱房两空的风险。

在办理赠与房屋过程中，赠与人与受赠人应签订书面的赠与合同，并前往公证处办理赠与公证，后到相关部门办理房屋所有权转移登记手续，赠与人将房屋交付受赠人后，即完成赠与手续办理。

另外，根据国家的相关税收优惠政策，针对个人将不动产、土地使用权房屋无偿赠与配偶、父母、子女、祖父母、外祖父母、孙子女、外孙子女、兄弟姐妹的，暂免征收营业税、个税，契税全额征收。

三、思考题

小孟的父亲老孟将自己所有的一套房屋赠与给了小孟，并签订了书面的赠与合同，未办理公证，小孟已实际居住在该房屋多年，但是双方一直未办理过户手续。近年来，小孟由于经营不善在外有多笔欠债，为了还债小孟找到某中介公司，希望将该房屋出售拿取购房款，并承诺尽快办理房产证。如果你是负责此单的经纪人，你是否会操作此单？

【答案】不能操作。

如前面所述，在未办理所有权转移登记之前，赠与行为是可以撤销的，因此小孟并不一定会取得该房屋的所有权，如果在过户之前其父老孟反悔，小孟将无法取得这个房屋，更谈不上出售这个房屋。

四、房屋赠与的相关条文

(一)《中华人民共和国合同法》

详见第一百八十五条、第一百八十六条、第一百八十七条和第一百九十四条。

(二)最高人民法院印发《关于贯彻执行〈中华人民共和国民法通则〉若干问题的意见(试行)》的通知

第一百二十八条 公民之间赠与关系的成立,以赠与物的交付为准。赠与房屋,如根据书面赠与合同办理了过户手续的,应当认定赠与关系成立;未办理过户手续,但赠与人根据书面赠与合同已将产权证书交与受赠人,受赠人根据赠与合同已占有、使用该房屋的,可以认定赠与有效,但应令其补办过户手续。

(三)最高人民法院《关于适用〈中华人民共和国婚姻法〉若干问题的解释(三)》

第六条 婚前或者婚姻关系存续期间,当事人约定将一方所有的房产赠与另一方,赠与方在赠与房产变更登记之前撤销赠与,另一方请求判令继续履行的,人民法院可以按照合同法第一百八十六条的规定处理。

第七条 婚后由一方父母出资为子女购买的不动产,产权登记在出资人子女名下的,可按照婚姻法第十八条第(三)项的规定,视为只对自己子女一方的赠与,该不动产应认定为夫妻一方的个人财产。

由双方父母出资购买的不动产,产权登记在一方子女名下的,该不动产可认定为双方按照各自父母的出资份额按份共有,但当事人另有约定的除外。

(四)《财政部、国家税务总局关于个人金融商品买卖等营业税若干免税政策的通知》

第二条 个人无偿赠与不动产、土地使用权,属于下列情形之一的,暂免征收营业税:(一)离婚财产分割;(二)无偿赠与配偶、父母、子女、祖父母、外祖父母、孙子女、外孙子女、兄弟姐妹;(三)无偿赠与对其承担直接抚养或者赡养义务的抚养人或者赡养人;(四)房屋产权所有人死亡,依法取得房屋产权的法定继承人、遗嘱继承人或者受遗赠人。

(五)《财政部、国家税务总局关于个人无偿受赠房屋有关个人所得税问题的通知》

第一条 以下情形的房屋产权无偿赠与,对当事双方不征收个人所得税:(一)房屋产权所有人将房屋产权无偿赠与配偶、父母、子女、祖父母、外祖父母、孙子女、外孙子女、兄弟姐妹；（二）房屋产权所有人将房屋产权无偿赠与对其承担直接抚养或者赡养义务的抚养人或者赡养人；（三）房屋产权所有人死亡，依法取得房屋产权的法定继承人、遗嘱继承人或者受遗赠人。

（供稿：李珊珊）

二、房屋交易定金支付阶段

专题 13　定金

一、定金的概念

定金是合同一方当事人向另一方预先支付的金钱，这正是定金所具有的物上概念，也是定金最为常用的含义。但从另一种角度看，在居间合同的有关定金概念的争议中，定金是一种法律制度，是同时具有担保方式及责任形式，是集定金设立、定金效力、定金罚则等为一体的系统规则。这意味着，在谈到定金这个概念时，可能一方面指的是物上意义的定金，即当事人所支付的金钱，如定金的所有权就是该种含义的使用，也可能一方面是法律制度意义上的定金，如定金担保、定金罚则等。本文中所指的定金概念主要是针对其法律制度意义上的含义。因此，本文将定金的含义确定为：当事人买卖双方为保证合同的订立、履行或保留解除合同的权利，依约定由一方向另一方支付一定数额的金钱，当其中一方不履行约定义务时，将受"定金罚则"的约束。

在二手房交易过程中，定金的存在既是买卖双方对签订的《居间协议》履约的一个标志，又是对双方尚未正式签署的《房地产买卖合同》的一种担保；从合同相互间的关系来看，《居间协议》是从属于《房地产买卖合同》的一个从合同；从合同成立的角度来看，《居间协议》又是一份实践合同。而实践合同成立的标志除缔约双方意思达成一致外，还须实际交付合同所约定的标的物（《担保法》第 90 条）。买卖双方应在《居间协议》中对交易涉及的房屋情况、交易情况、付款方式等交易细节作出了约定，当然也应当对交易过程中购房定金的给付予以明确约定。

二、定金罚则的法律概念及适用

在买卖双方签订《居间协议》并交付定金后，双方所签订的《居间协议》也已生效，故买卖双方应当履行该协议，并按照协议的约定继续房屋的交易。若在此之后，因非不可抗力原因导致双方未能按照协议约定签署正式《房地产买卖合同》，违约方则应当根据协议所约定的违约责任承担相应的赔偿责任。

我国《担保法》第八十九条、《合同法》第一百一十五条条款规定了关于定金担保及定金罚则，即"当事人可以约定　方向对方给付定金作为债权的担保。债务人履行债务后，定金应当抵作价款或者收回。给付定金的一方不履行约定债务的，无权要求返还定金；收受定金的一方不履行约定债务的，应当双倍返还定金。"除当事人另有约定，定金一般情况下具有证约效力、预先给付和抵销效力、担保效力。同时须注意的是，根据《担保法》第九十一条的规定，定金合同约定的定金数额不得超过主合同标的额的 20%。

定金罚则适用于一方当事人的债务不履行行为。当事人之间有立约定金合同且定金已实际支付，但一方当事人恶意违约，拒绝按照已经明确约定的条件订立主合同的，方能适用定金罚则。在守约方以定金法则主张赔偿时，则须向法院明确定金的给付（含转账的凭证或收款方的书面确认）及证实违约方实际违约的相应证据。不过需要特别注明的是，若守约方主张赔偿时以实际表明了交易无法继续履行，守约方不得在主张双倍定金返还后仍要求违约方继续履行该协议。

三、签署定金协议的注意事项

在房地产交易中，定金协议多指买卖居间协议等中介制式文书。在签署此类文书时，有以下几点需加以注意：

（1）审查合同签订时的主体。在签订定金合同时，应当确认其主体是否与主合同主体保持一致，若主体不一致的，定金合同无法起到担保的性质。同时，还须审查是否具有签订该合同的权利。在房地产交易中，主要应当审查出售人是否有出售房屋的权利，若与房地产权证或产权调查情况不一致的，需提供真实有效的委托书，授权事项中需包含签署定金合同的权限。

（2）定金合同应当以书面的形式签订。根据《担保法》第九十条的规定，定金应当以书面形式约定。出售人收取定金款项的，必须要求买卖双方签署书面形式的定金协议，详细约定对定金担保的事项、主要交易条件及违约责任，以避免买卖双方签订正式合同时对上述事项未能达成一致，亦无书面约定可循，致使双方无法签约的情况发生。

（3）应当在合同中明确约定关键的交易条件。定金合同系当事人以交付定金形式作为订立主合同担保的合同，因此，定金合同中应当明确约定主合同的重要交易条件。房地产买卖居间协议中一般包含了房屋地址、交易总价、各期房款金额及支付期限、首期房价款与贷款金额的比例、办理产权过户手续的条件与期限、房屋交接与户口迁出时间，以及签约日期等，上述关键信息均为签署正式买卖合同前双方需达成一致的交易条件，若定金合同中未予明确，后因对该交易条件存在分歧而无法签订正式买卖合同，则该交易实际未达成，出售人不得收取定金款项，若已收取的，应当全额退还。在此情况下，若经纪机构已贸然转付定金，可能因未尽审查义务，存在居间瑕疵而承担一定责任。

（4）定金数额必须在合同标的额的 20% 以内，超过部分不受法律保护。定金的数额，由双方当事人协商确定。若交易一方未按照定金合同约定签订主合同，则受定金罚则约束，出售人违约的，需双倍返还定金，购房人违约的，出售人可没收定金不予返还。若定金的数额约定过高，有可能使得守约方获得的损害赔偿过分高于实际损失额；若约定过低，则无法起到担保合同履行的作用。且因定金罚则仅约束合同标的 20% 以内数额的定金，建议定金金额约定在该范围以内。

（5）合同中明确约定合同解除、终止条款。定金合同中应明确约定解除、终止的条款，若无解除、终止或提前终止条款，致使终止合同条件不明确，可能造成签署定金合同后，难以解除合同的现实风险。

案例分析——交易未谈妥，法院判退定金

1. 事件经过

2008年11月22日，吴某经A中介居间介绍，签订《房地产买卖居间协议》一份，意向购买牟某名下位于上海市闵行区房屋一套，约定房屋总价350万元，并于签订该协议的同时向A中介支付意向金5万元，该意向金系A中介受吴某之托，前往牟某处洽谈以及确认价格条件的凭据，经牟某签字确认后即转为定金等，协议约定买卖双方最晚应于2008年12月5日前赴中介方处签订正式《上海市房地产买卖合同》。但因中介未提醒，吴某在该协议中对户口迁出问题未作约定，最晚迁出时间未填写。

2. 纠纷产生

该合同签订后，吴某按约向A中介支付意向金共计5万元，A中介随即于2008年11月24日将该款转交给牟某，牟某收款后出具定金收条。此后，买卖双方按期在A中介的主持下协商签订《上海市房地产买卖合同》的内容。因双方对正式合同约定的遗留户口迁转时间、如果不能按时迁转户口应当承担的违约责任存在不同意见，双方最终未能签订正式房屋买卖合同。

该合同确定的签约期限到期后，吴某多次要求牟某返还意向金，但牟某以吴某违约为由，拒绝退还收取的定金。吴某为此诉至原审法院，请求判令牟某返还意向金5万元，并按银行同类同期利率偿付吴某自2008年11月23日起直至实际返还时止的利息损失。

3. 法院审理

庭审中，吴某提出，未能签约的原因系双方对房屋交易的条件未能达成一致，牟某应当退还意向金，牟某则表示，5万元意向金已经按约转为定金，因吴某违约，故定金应由牟某没收。

经审理，法院认为，吴某通过A中介居间介绍与牟某签订的《房地产买卖居间协议》中，关于买卖系争房屋的内容系双方真实意思表示，依法成立且生效，当事人应当全面履行自己的义务。由于本案双方对签订正式备案的《上海市房地产买卖合同》中约定的遗留户口迁转时间、如果不能按时迁转户口应当承担的违约责任存在不同意见，双方未能达成一致，导致房屋买卖合同没有签订。对此，法院认定，该《房地产买卖居间协议》仅仅具有房屋买卖合同的预约性质，该合同中约定的条款具有原则性特征。而且，该合同虽然对购房款的数额及付款方式和时间有过初步约定，但是，双方对该合同内容中涉及的上述问题约定尚不明确。因此，在签订正式房屋买卖合同之前的协商过程中，由于其他因素或者意见不一致导致出现纠纷或者合同解除，存在可能性。特别是买卖双方就该涉案房屋内遗留户口的迁转时间以及如果不能按时迁转户口应当如何承担违约责任的问题，属于影响当事人签订买卖合同的重要因素。吴某要求约定取得无户口遗留问题之房屋或者要求对方就迁转户口义务一旦违约则承担违约责任的意见具有合理性。在几次协商未能就分歧意见达成一致的情况下，相互之间已经缺乏基本的履约信任。

结合以上具体情况，法院认定，双方签订房屋买卖合同的期限已过，履行房屋买卖的基础条件已不具备，该合同实际终止。根据法律规定，合同解除后，尚未履行的，终止履行；已经履行的，根据履行情况和合同性质，当事人可以要求恢复原状、采取补救措施，并有权要求赔偿损失。因此，双方有关对方违约的意见，法院均不予采纳。牟某应当将收取的定金返还于吴某。其以吴某违约为由拒绝返还定金的意见，不符合客观事实，应当承担相应的法律责任。吴某诉讼请求的理由和意见符合法律规定，法院予以支持。

据此，法院于依法作出判决：牟某于判决生效之日起十日内向吴某返还购房定金 5 万元，并支付该款自 2008 年 11 月 24 日起至实际付清之日止，按照中国人民银行同期贷款基准利率计算的利息。

本案例部分节选自（2009）沪一中民二（民）终第字 1674 号民事判决书。

四、定金相关法律条文

（一）《担保法》

详见第八十九条、第九十条和第九十一条。

（二）《合同法》

详见第一百一十六条、第四百二十四条、第四百二十六条和第四百二十七条。

（供稿：陈宝海、许雯燕、朱泠）

专题 14　定金支付

一、定金支付的注意事项

（一）及时按照定金合同约定的数额支付定金

《最高人民法院关于适用〈中华人民共和国担保法〉若干问题的解释》第一百一十九条规定：实际交付的定金数额多于或者少于约定数额，视为变更定金合同；收受定金一方提出异议并拒绝接受定金的，定金合同不生效。

可见，支付定金的一方若未按约定数额交付定金，收受定金一方在未明确接受的情况下，定金合同不生效，在此情况下发生违约情形，则无法适用定金罚则。

（二）支付定金前要树立购买决心

购房人在交付定金之前，应当充分考虑自身的购买能力，房屋的状况是否满足自身的购房需求，是否能接受所有的交易条件等情况，在正式决定购买该房屋之后再支付定金，以免因犹豫不决的心理给自己或出售人造成经济损失。

二、支付定金后违约不再购买的法律风险或后果

《中华人民共和国担保法》第八十九条规定：给付定金的一方不履行约定的债务的，无权要求返还定金；收受定金的一方不履行约定的债务的，应当双倍返还定金。

《最高人民法院关于适用〈中华人民共和国担保法〉若干问题的解释》第一百一十五条规定：当事人约定以交付定金作为订立主合同担保的，给付定金的一方拒绝订立主合同的，无权要求返还定金；收受定金的一方拒绝订立合同的，应当双倍返还定金。第一百二十条规定：因当事人一方迟延履行或者其他违约行为，致使合同目的不能实现，可以适用定金罚则。第一百二十二条规定：因不可抗力、意外事件致使主合同不能履行的，不适用定金罚则。因合同关系以外第三人的过错，致使主合同不能履行的，适用定金罚则。受定金处罚的一方当事人，可以依法向第三人追偿。

可见，若购房人在支付定金后违约不再购买，则无权要求返还定金，但不可抗力、意外事件情况除外。若因第三人导致合同无法履行的，同样适用定金罚则，且受到定金处罚的一方可向第三人追偿。

案例解析——支付定金后违约不买主张返还定金能被支持吗?

1. 事情经过

2013年12月12日,原告陈先生与被告周先生经A中介居间介绍,就买卖上海市长寿路某房屋,签订了《房地产买卖居间协议》,约定:被告将房屋以505万元的价格出售给原告;被告需配合原告承诺该房屋为上海市唯一一套住宅等,当日,原告通过A中介向被告支付了定金20万元。

2. 纠纷产生

同年12月22日,原、被告在中介处协商签订正式房屋买卖合同,却由于被告不愿意在买卖合同中明确承诺系争房屋为上海市唯一一套住宅,导致房屋买卖合同未能签订。之后原、被告协商多次均未能达成一致,导致房屋买卖合同未能签订。后被告两次向原告发函,明确表示单方解除《协议》,并没收原告支付的定金20万元。原告认为被告的行为已经严重侵犯其合法权益,故诉至法院请求判令被告双倍返还原告定金40万元。

3. 法院审理

被告辩称,在签订《协议》时,原告是知晓系争房屋非被告在上海唯一住宅的,因《协议》约定的交易价格是被告到手价,为帮助原告节省交易税费,被告才配合原告承诺唯一,并不存在欺骗原告之说。且被告向原告表示虽不会配合承诺唯一,但愿意承担因不承诺多产生的税费,仍愿意与原告继续交易,但原告却不愿意继续购买,其行为已构成违约,故不同意返还原告定金。

法庭审理认为,原被告签订的《协议》系双方当事人的真实意思表示,合法有效,双方均应恪守履行。根据协议约定,原告经由A中介支付给被告20万元定金,旨在约束双方须在固定期限内签订示范文本的《上海市房地产买卖合同》,可见其性质为立约定金。给付定金的一方拒绝订立合同的,无权要求返还定金;收受定金的一方拒绝订立合同的,应当双倍返还定金。

本案中,法院认定系因原告之故导致双方未能订立正式房屋买卖合同。主要原因有三点:第一,系争房屋非被告名下唯一一套住宅系客观存在的事实,双方作出被告配合原告承诺唯一住宅的约定目的在于减少原告的交易成本以促成交易,双方对该约定可能造成的有利或不利后果均持有一定的追求或放任态度,对原告所称被告隐瞒事实导致未能订立正式合同的意见不予采信;第二,被告以双方就承诺唯一是否应当写入正式买卖合同中未达成一致导致未能订立合同为由向原告发出《解约告知书》,主张解除《房地产买卖居间协议》,有失当之处,且被告之后在《催告函》中表示愿意与原告继续交易,可见双方签署的协议应当继续履行;第三,被告书面告知原告系争房屋非其在上海市唯一一套住房,但为了体现出售诚意,被告不再作相关承诺,但同意由于不承诺而产生的税费由被告自行承担,愿意继续履行协议将房屋出售给原告,但原告最终仍未与被告订立合同,原告已无订立合同之诚意。

4. 判决结果

法院依照《中华人民共和国合同法》第八条、《中华人民共和国担保法》第八十九条及《最高人民法院关于适用〈中华人民共和国担保法〉若干问题的解释》第一百一十五条判决原告要求被告双倍返还定金40万元的诉讼请求不予支持。

后原告不服本判决上诉至上海市第二中级人民法院,二审法院经审理判决驳回上诉,维持原判。

5. 法务分析

看了本案的判决结果,很多人表示不理解,为什么法官要判定是原告违约?明明是被告的承诺没有兑现。

让我们再回头看一下事实经过:

原、被告在签署《房地产买卖居间协议》时约定被告需配合原告承诺该房屋为上海市唯一一套住宅,表明原告知晓系争房屋非被告在上海的唯一一套住宅;

在双方就是否应在正式合同中约定承诺唯一产生分歧,且经多次协商无果后,被告愿意做出让步,即不作相关承诺但愿意承担因不承诺多产生的费用,从而继续按照协议约定将房屋售与原告,但原告表示不再购买。

可见,原、被告最终未能订立正式的房屋买卖合同系原告之故。根据相关法律法规的规定,给付定金的一方即本案原告拒绝订立主合同的,则无权要求返还定金。

本案例部分节选自(2014)静民一(民)初字第1421号,(2014)沪二中民二(民)终字第1822号。

三、思考题

小孙通过A中介的居间介绍,决定购买小陈的房屋,双方在A中介签署了《房地产买卖居间协议》,同日小孙向小陈支付了10万元定金。回家后,小孙将该事告知妻子,其妻子表示强烈反对,因该房屋在一楼,妻子担心一楼不安全且房屋易潮湿,并命令小孙马上把房子退了。小孙向A中介求助,希望A中介协助其处理与小陈的解约事宜,尽量帮其减少损失。

【问题】如果你是负责此单的经纪人,你应当以什么样的方式处理?

【答案】

(1)首先,在小孙明确告知其无法继续履行协议购买该房屋时,应当主动为其分析如果不继续履行可能产生的违约责任,以供小孙参考;

(2)若小孙仍然表示不可能继续履行,则应立即向小陈反馈该信息,积极主动沟通,询问其是否能够谅解小孙,同意解除协议并不追究小孙的违约责任。若小陈同意,则组织双方签署书面的解约协议;若小陈反对,表示解约可以但是定金不退,则应当尊重小陈

的意见,并如实告知小孙;

(3)在整个过程中,应当积极主动协调沟通,切忌事不关己、不闻不问,无论结果如何,均应保持善始善终的心态,积极处理。

四、定金支付相关法律条文

(一)《中华人民共和国担保法》

详见第八十九条、第九十条和第九十一条。

(二)《最高人民法院关于适用〈中华人民共和国担保法〉若干问题的解释》

详见第一百一十五条、第一百一十六条、第一百一十七条、第一百一十八条、第一百一十九条、第一百二十条、第一百二十一条和第一百二十二条。

(供稿:伏晶晶)

三、房屋交易签约阶段

专题 15　贷款购房

> **导读**
> 　　我出售一套房子，买卖合同中约定购房人用公积金贷款的方式支付房屋的部分房款，合同签订后，购房人公积金贷款没有获得批准，我该怎么办呢，可以要求解除合同么？

一、购房贷款的基本概念

（一）基本概念

　　一般人在购买房屋时，会选择两种方式支付房款：一种是现款支付，另一种是贷款支付。而贷款支付又分为三种：个人住房商业性贷款、公积金贷款和组合贷款。

　　个人住房商业性贷款是指购房人在购买住房时，由于资金不足，由第三方机构提供阶段性保证，并以所购产权房做抵押，向银行申请的购房房价一定比例的贷款。个人住房商业性贷款是银行用其信贷资金所发放的自营性贷款，以购房人所购买的产权住房（或银行认可的其他担保方式）为抵押，作为偿还贷款的保证而向银行申请的住房商业性贷款。

　　公积金贷款是指个人住房公积金贷款，是由各地住房公积金管理中心，运用申请公积金贷款的职工所缴纳的住房公积金，委托商业银行向购买、建造、翻建、大修自住住房的住房公积金缴存人和在职期间缴存住房公积金的离退休职工发放的房屋抵押贷款。公积金贷款又分为市属公积金贷款和国管公积金贷款。一般情况下，市属公积金贷款中单位登记号为身份证号加两个零，国管公积金贷款中单位登记号以 512 或 502 开头。

　　组合贷款是指符合个人住房商业性贷款条件的购房人又同时缴存住房公积金的，在办理个人住房商业贷款的同时还可以申请个人住房公积金贷款，即购房人以所购房屋（或其他银行认可的担保方式）作为抵押可申请个人住房公积金贷款和个人住房商业性贷款。

（二）个人住房商业性贷款和公积金贷款的区别

　　（1）贷款机构不同。个人住房商业性贷款的贷款机构是各商业银行，而公积金贷款的主体是住房公积金管理中心。

　　（2）贷款对象不同。个人住房商业性贷款的对象是所有具有完全民事行为能力的人，而公积金贷款对贷款人要求严格,必须是住房公积金缴存人和在职期间缴存住房公积金的离退休职工。

(3)贷款资金来源不同。个人住房商业性贷款的资金来源是各商业银行的自营资金(即吸收的居民或单位存款),而住房公积金贷款资金来源是职工个人及所在单位缴存的住房公积金。

(4)贷款利率不同。公积金的贷款利率比个人住房商业性贷款利率低,5年以内公积金贷款利率为2.75%,5年以上是3.25%。而商业贷款利率五年以上贷款利率为4.9%,3～5年为4.75%,1～3年为4.75%。不同银行所执行的贷款利率在这个基准利率之上有所浮动。

(5)贷款额度不同。首付额度和最高贷款额度均不相同。个人住房商业性贷款的第一套房首付至少三成,第二套房至少六成,第三套房停贷。公积金贷款:第一套房首付需要三成(北京的情况是90平方米以下的普通住宅可以两成),第二套房首付至少六成,第三套房停贷。商业贷款没有最高贷款额度的限制,而公积金贷款有限制,最高额度为120万元。

(6)放款时间和贷款手续不同。商业贷款放款快,公积金贷款放款慢。公积金贷款的手续比商业贷款的手续复杂。公积金贷款必须先到住房资金管理中心进行申请,接受住房资金管理中心的初审,初审合格后由住房资金管理中心出具证明,方可办理公积金贷款。而商业贷款在借款人签订购房合同后,直接到相关银行经办机构或与银行签订合作协议的开发商处提供有关材料即可办理。

(7)贷款用途不同。商业贷款可以用来买普通住宅和商业用房,但公积金贷款不能用来购买商业用房,只能用来购买普通住宅、装修住宅或租房等。

案例解析——购房贷款不能及时到位导致房屋买卖合同出现纠纷

1. 事情经过

2009年9月27日,陈某(购房人)经A中介居间与高某(出售人)签署了《购房协议书》,约定陈某向高某购买沪青平公路某房屋,房屋总价款为89.8万元,付款方式为定金3万元,第二笔16.4万元,第三笔贷款62万元,余款于过户日全部付清。

2. 纠纷产生

协议书签订当日,陈某支付定金3万元,2009年10月14日,又支付给高某23万元购房款。当日,双方与A中介一起到邮政储蓄事务所办理贷款申请,后因陈某的信用问题贷款未获批准。2009年11月10日左右,高某协助陈某到农业银行第二次申请银行贷款。高某认为陈某贷款无法办理下来,双方在2009年11月21日到A中介,陈某表示要以现金方式支付剩余房款,高某表示不同意。2009年11月26日,高某以短信方式告知陈某,不再将系争房屋出售给陈某。2009年12月3日,高某将书面告知书送达A中介,要求取消与陈某的购房约定。2010年1月31日,高某将房屋过户给张某、朱某,即本案案外人。2010年12月10日,陈某委托律师向高某发送律师函,要求其继续履行合同,未果而起诉至法院。

3. 法院审理

高某、陈某签订的《购房协议书》，出自双方真实自愿，内容合法有效。协议履行中，陈某因个人信用原因，两次申请银行贷款均未获批准，致交易迟延，此为陈某过错。高某两次配合陈某办理贷款手续，表明其对陈某第一次贷款不成的谅解和积极促成交易的诚意。由于双方所签协议，对该笔贷款支付的最后期限及迟延支付时高某是否享有合同解除权，并无约定，故高某在得知陈某第二次贷款申请仍未获批准，陈某表示并已于五日内筹足现金拟完成交易的情况下，拒绝接受陈某以现金替代贷款支付其余房款并主张解除协议，缺乏合同依据。其于诉讼期间、协议效力尚不确定的情况下，高某擅自将系争房屋转让给案外人，致协议无法履行，显属违约。系争房屋从签订合同之日起到过户给案外人之日止的差价损失，双方对此均有过错，但高某的过错程度显然高于陈某，故根据双方过错程度，判决高某赔偿陈某的损失。

4. 判决结果

法院判决：①陈某、高某签订的《购房协议书》解除；②高某应赔偿陈某房屋差价款损失、返还陈某购房款以及定金，并赔偿陈某的利息损失。

5. 法务分析

上述案例的最终结果是解除《购房协议书》，高某赔偿陈某的房屋差价款损失，返还其购房款和定金，以及赔偿其利息损失。笔者认为法院的判决合理合法，虽然陈某由于信用问题未能获得贷款批准，存在过错，但高某在陈某表示要以现金支付剩余房款时，拒绝接受陈某的提议，主张解除协议，并在协议效力尚不确定的情况下，擅自将房屋转让给案外人，导致协议无法履行，显属违约，且过错程度高于陈某。因此，高某承担协议无法履行的主要责任，法院的判决有理可据。

针对上述的案例，笔者建议读者在签订房屋买卖合同中，一定要约定清楚，如果房屋贷款未获得批准，双方的解决方式以及是否有解除合同的权利，这样才能避免出现上述案例中的纠纷，造成读者花费不必要的时间和金钱。

二、办理购房贷款时需注意的事项

1. 签约前：了解购房人信息，核实购房人的个人信用

经纪人在房屋买卖合同签约前，应通过各种渠道提前核实购房人的个人信用，在有必要的情况下，可以陪同购房人到拟贷款的银行核实个人信用，避免在合同签署后，由于信用问题而导致合同延迟履行或不能履行的情况发生。在实践中，由于购房人个人问题而导致贷款不能及时获得批准，或实际贷款额度未达到拟贷款金额的事件屡屡发生。因此，为了能更好地履行合同，经纪人需提前核实购房人的个人信用。

2. 签约前：熟悉限贷政策，提供准确的贷款信息

为了缓解房价居高不下的难题，中国人民银行和中国银监会出台了一系列的限贷政策，对购房人购买首套住房、二套住房以及三套住房的首付款比例在不同时期具有不同的规定。因此，经纪人需详细了解本地区最新的限贷政策，对购房人的实际情况进行核实，针对购房人购买房屋的性质和贷款的方式，了解购房人需支付的首付款比例以及金额，向购房人提供准确的信息。

3. 明确贷款风险，约定解决方式

经纪人应把购房贷款可能发生的情况及时告知出售人和购房人，让出售人和购房人了解其中的风险和可能发生的纠纷。在签署房屋购买合同中，应明确约定如贷款得不到批准，包括贷款未获得批准和未按照拟贷款金额足额批准，合同双方的解决方式。

贷款未获得批准的原因一般分为两种：一种是客户自身的原因，如客户信用问题；另一种是非客户自身的原因，而是发生不可预见、不可归责于当事人的事由，如国家政策的变化。在合同中，应对这两种可能导致贷款未获得批准的解决方式都明确下来。

一般贷款未获得批准有三种解决方式，一是购房人自行筹齐剩余房价款，以现金形式支付给出售人，二是购房人继续申请其他贷款机构贷款至贷款批准，购房人自行负担其间已发生的及要产生的各项费用，三是本合同终止，购房人支付的定金和房价款应如数返还，双方互不承担违约责任，如是购房人自身原因导致贷款未获得批准，购房人承担在申办贷款过程中发生的各项费用。在具体的房屋买卖合同中，经纪人可建议出售人和购房人采用以上三种方式解决贷款未获得批准的难题。

4. 签约时：禁止作出关于贷款的不当承诺

经纪人在签署合同时，关于贷款的机构、时效、额度等不能作出不当承诺，购房人是否能够获得贷款与购房人的个人信用和购买房屋的性质、年限等密切相关。

三、思考题

周女士欲购买房屋，但偶然得知自己的身份证号与他人的身份证号码相同，周女士对此非常苦恼，不清楚自己的情况是否能够申请商业贷款，面对此种情形，作为一名合格的经纪人，你应如何进行风险把控？

【答案】

（1）首先，到派出所进行查询，并请求出具身份证明。

身份证号码相同一般来说比较罕见，但现实生活中，由于各种原因，这样的情况也会发生。因此，经纪人应陪同周女士到派出所进行核实，如果情况属实，应让派出所告知原因，提供解决办法，并出具一份身份证明。

(2)其次,向拟贷款机构咨询贷款事宜,了解贷款风险。

如果派出所不能及时解决身份证号码相同的问题,或者解决的时间较长,经纪人可以和周女士一起向拟贷款的机构进行咨询,看周女士的情况是否能够获得贷款批准。

(3)最后,综合分析各种因素,把控贷款的风险。

结合派出所的处理意见和向银行咨询的结果,综合分析,得出最后的结论,看是等身份证号码相同的问题解决后,再签署合同,办理贷款事宜,还是可以一起进行,互不影响。

四、贷款购房相关法律条文

(一)《最高人民法院关于适用〈中华人民共和国合同法〉若干问题的解释(二)》

第二十六条 合同成立以后客观情况发生了当事人在订立合同时无法预见的、非不可抗力造成的不属于商业风险的重大变化,继续履行合同对于一方当事人明显不公平或者不能实现合同目的,当事人请求人民法院变更或者解除合同的,人民法院应当根据公平原则,并结合案件的实际情况确定是否变更或者解除。

(二)上海市高级人民法院2006年10月23日出台的《宏观政策调控后房屋买卖纠纷若干问题的解答》

第三条 房屋买受人能举证证明贷款不足或不成,确实严重影响其履约能力,房屋买卖合同事实上已不可能继续履行,且该履行障碍并非房屋买受人的信用低等个人原因所致,房屋买受人主张解除房屋买卖合同的,可以允许。

(三)《最高人民法院关于审理商品房买卖合同纠纷案件适用法律若干问题的解释》

第二十三条 商品房买卖合同约定,买受人以担保贷款方式付款,因当事人一方原因未能订立商品房担保贷款合同并导致商品房买卖合同不能继续履行的,对方当事人可以请求解除合同和赔偿损失。因不可归责于当事人双方的事由未能订立商品房担保贷款合同并导致商品房买卖合同不能继续履行的,当事人可以请求解除合同,出卖人应当将收受的购房款本金及其利息或者定金返还买受人。

(供稿:牛红霞)

专题 16　购房资质

> **导读**
> 限购政策下,你签订的房屋买卖合同有法律效力么?

一、购房资质的基本概念

购房资质,即购房人购买房屋需要具备一定的资格条件。为维护房地产市场的健康稳定发展,国务院制定实施了一系列政策举措,其中一项举措是就是限定购房人员的资格条件,限制投机炒作,稳定房地产市场价格。各地根据国务院的政策通知,根据当地情况制定了不同的执行细则。截至2015年2月,全国仍然在执行限购政策的城市,除北京外,还有上海、深圳、广州、三亚四个城市。其中,尤以北京的限购政策最为严厉。

2011年2月15日,北京市人民政府办公厅发布《关于贯彻落实国务院办公厅文件精神进一步加强本市房地产市场调控工作的通知》(京政办发〔2011〕8号),第六条规定,自本通知发布次日起,对已拥有一套住房的本市户籍居民家庭、持有本市有效暂住证、在北京没有住房,且连续5年(含)以上在本市缴纳社会保险或个人所得所的非本市户籍居民家庭,限购1套住房(含新建商品房和二手房)。对已拥有2套及以上住房的本市户籍居民家庭,拥有1套及以上住房、无法提供本市有效暂住证的非本市户籍居民家庭,无法提供在本市缴纳5年以上个人所得税缴纳证明或社会保险缴纳证明的非本市户籍居民家庭,暂停在本市向其售房。

2013年3月30日,北京市人民政府办公厅发布《贯彻落实〈国务院办公厅关于继续做好房地产市场调控工作的通知〉精神进一步做好本市房地产市场调控工作的通知》(京政办发〔2013〕17号),第二条规定,自本通知下发次日起,本市户籍成年单身人士在本市未拥有住房的,限购1套住房;对已拥有1套及以上住房的,暂停在本市向其出售住房。

2015年8月14日,北京市住房和城乡建设委员会、通州区人民政府出台《关于加强通州区商品住房销售管理的通知》,通知规定:"一、符合现行政策有关规定且符合以下条件之一的家庭,限购1套通州区商品住房:(一)没拥有住房的本市户籍居民家庭。(二)已拥有1套住房、户籍属于通州区且落户3年(含)以上的本市户籍居民家庭。(三)已拥有1套住房、近3年在通州区连续缴纳社会保险或个人所得税的本市户籍居民家庭。(四)在本市没拥有住房且近3年在通州区连续缴纳社会保险或个人所得税的非本市户籍居民家庭。二、以下家庭，暂停向其出售通州区商品住房：（一）已拥有1套住房、无法提供在通州区落户满3年及近3年在通州区连续缴纳社会保险和个人所得税证明的本市户籍居民家庭。（二）无法提供近3年在通州区连续缴纳社会保险和个人所得税缴纳证明的非本市户籍居民家庭。"

购房人应当确定自身具备欲购买房屋所在地的购房资质，即符合房屋所在地政策规定的购房条件，再签订合同进行交易，不然，有可能因无法按时履行合同义务承担违约责任。

案例解析——无购房资质要求解约，反被判赔偿15万元

1. 事情经过

2014年4月17日，购房人解某出于投资需求，通过A中介居间，签约购买了出售人任某的一套房屋，并支付了定金共计人民币30万元整。

2. 纠纷产生

履约过程中，因解某系买房投资，需要筹集资金才能支付购房首付款，但在合同约定的付款期限到期前，解某发现市场交易价格有所波动，而且钱款尚未筹集到位，解某便动起心思，想着怎么样才能免责解除合同，此时他想起来，当时签约的时候他并不具备购房资质，他便想着以此为由要求免责解除合同。于是他便约出售人及A中介商谈合同解除事宜。出售人听到购房人的话以后，当然不同意免责解约，最终不欢而散，之后，购房人也迟迟未按照合同约定支付购房首付款。最终，双方均起诉至法院，解某以不具备购房资质为由要求解除合同，任某以解某迟迟未按合同约定支付首付款为由要求赔偿房屋总价款20%的违约金。

3. 法院审理

法院审理认为，双方签订的买卖合同为双方的真实意思表示，对双方均具有法律约束力。购房限购政策，作为可供公众了解的公开政策，且已执行多年，解某提出的其不具备购房资质的理由，法院不予采信。合同无法履行的原因，系在于解某未按约定履行付款义务，故法院支持任先生起诉要求违约金的诉讼请求。

4. 判决结果

最终法院判决合同解除，任某退还解某购房定金30万元，解某向任某支付违约金15万元。

5. 法务分析

从法院的判决结果来看，作为购房人，应当确认自身具备履约条件，如明知不符合条件，仍然签约购买，如因此导致合同不能履行，同样需要承担违约责任。

本案例部分节选自西民初字第02606号判决书。

二、限制购房资质时出售／购买房屋的注意事项

（1）对于出售人来说：要求购房人书面承诺：其具备当地的购房资质，如承诺不实，导致合同无法履行，承担根本违约责任。

（2）对于购房人来说：在签订购房合同前，确认自身具备当地的购房资质，即通过当地有关部门的购房资质审核；如不确定自己是否具备，可在签约时与出售人协商，如不能通过资质审核的解决方式，并在合同中明确约定。

（3）对于经纪人来说：签约前协助购房人进行资质审核，审核通过后再行签订合同；要求购房人签署《购房承诺书》，以承诺其了解当地的购房政策，自愿承担有关风险。

三、思考题

王先生系外地人，于2008年在北京购置了一套一居室，现准备在通州换一套大点的三居室。出售人卖房系为了筹集资金，解决生意上的问题，急需用钱，因此需要客户能够及时履行合同。

【问题】作为此单经纪人，该如何操作？

【答案】

（1）向购房人明确其现在不具备购房资质，需要卖掉名下房产后才能购房；要求购房人签署《购房承诺书》；

（2）向购房人说明出售人急需用钱的售房目的；

（3）协助购房人与出售人协商合同履行的时效及支付适当的定金；

（4）在合同条款中注明出售人售房急需用钱，购房人需要处置名下房产后才具备购房资质；

（5）要求购房人在合同中承诺，在一定期限前具备购房资质，如期限届满仍不能履行合同，视为购房人根本违约。

四、购房资质相关政策性文件

（一）国家政策文件

1．"国八条"，国办发明电［2005］8号；

2．"国四条"，即指在2009年12月14日温家宝总理主持召开国务院常务会议上，

就促进房地产市场健康发展提出的增加供给、抑制投机、加强监管、推进保障房建设等四大举措。

3．"新国四条"，即指国务院总理温家宝 2010 年 4 月 14 日在主持召开国务院常务会议，研究部署遏制部分城市房价过快上涨的政策措施。

4．"新国八条"，国务院总理温家宝在 2011 年 1 月 26 日主持召开国务院常务会议，研究部署进一步做好房地产市场调控工作。会议确定的相关政策措施，简称"新国八条"。

（二）地方政策文件

1. 北京市

（1）"京四条"，《北京市人民政府贯彻落实国务院关于坚决遏制部分城市房价过快上涨文件的通知》京政发[2010]13 号；

（2）"京八条"，《北京市人民政府办公厅关于贯彻落实国务院办公厅文件精神进一步加强本市房地产市场调控工作的通知》京政办发[2011]8 号；

（3）北京市人民政府办公厅发布贯彻落实《国务院办公厅关于继续做好房地产市场调控工作的通知》精神进一步做好本市房地产市场调控工作的通知（京政办发[2013]17 号）；

（4）北京市住房和城乡建设委员会、通州区人民政府出台《关于加强通州区商品住房销售管理的通知》，2015 年 8 月 14 日。

2. 上海市

（1）"沪四条"，《上海市人民政府办公厅转发市住房保障房屋管理局等五部门关于本市贯彻国务院常务会议精神进一步促进房地产市场健康发展实施意见的通知》沪府办发[2009]58 号，2009 年 12 月 28 日；

（2）"沪十二条"，《上海市人民政府批转市住房保障房屋管理局等五部门关于进一步加强本市房地产市场调控加快推进住房保障工作若干意见的通知》，2010 年 10 月 7 日；

（3）"沪九条"，上海市人民政府办公厅印发关于本市贯彻《国务院办公厅关于进一步做好房地产市场调控工作有关问题的通知》实施意见的通知，2011 年 1 月 31 日；

（4）新沪四条，《关于加强房地产经纪管理进一步规范房地产交易秩序的通知》，2011 年 7 月 25 日。

3. 深圳市

（1）《深圳贯彻落实国务院文件精神，坚决遏制房价过快上涨的意见》（深府办[2010]36 号）；

（2）《关于进一步贯彻落实国务院文件精神坚决遏制房价过快上涨的补充通知》（深府办[2010]82 号）。

（作者：张继勋）

专题 17　网签

一、网签的基本概念

网签，即指网上签约，属于存量房买卖交易过程中，为了规范存量房交易市场、保障存量房交易资金的安全，就房屋买卖的交易信息进行公示并备案的行为。通过办理网上签约手续，交易双方公示交易信息，有效避免房屋出售人"一房二卖"的现象，极大促进交易的透明度。目前各地均有网上签约的相关细则规定，本文以北京地区为例进行分析。

2007年7月1日，北京市政府发布规定，凡通过经纪机构居间或者代理（含代办转移登记手续）的，将实行存量房买卖合同网上签约和信息公示。

自2008年10月15日起，已取得房屋所有权证的存量房进行买卖，当事人在申请转移登记前均需进行存量房买卖合同网上签约。

对于个人自行成交并自行划转交易结算资金，如需进行网上签约，应当到房屋管理部门设置的服务窗口填写《存量房买卖合同信息表（自行成交）》，由服务窗口为交易双方打印存量房买卖合同文本。

> 网上签约需要资质审核通过之后方可办理。合同在系统上进行提交后视为网上签约已完成，在办理转移登记业务之前，合同中原房屋所有权人、原房屋所有权证号、购买人姓名或名称、资金划转方式与实际不符的，应办理合同注销手续，并重新进行网上签约。

二、网签的操作流程

房地产经纪机构需要经所在区县建设（房屋）管理部门办理用户备案，凭加密钥匙登录存量房网上签约系统。

（一）办理网上签约流程

1. 草拟阶段

交易双方就合同主要条款协商一致后，房地产经纪机构操作人员在存量房网签系统上填写合同并打印《存量房买卖合同信息核对表》，由交易双方核对合同相关信息录入是否正确，确认无误后将草拟阶段的合同提交至打印阶段。

2. 打印合同

操作人员将网上填写的合同打印后，交由交易双方签字（或盖章）。

3. 完成签约

交易双方在合同上签字（或盖章）后，由操作人员在网上签约系统中点击"签约完成"。房地产经纪机构应留存有交易双方当事人签字（或盖章）的合同原件一份。

（二）如公示信息错误的、或交易条件变更、或交易不成，需注销网签

1. 注销已签字（或盖章）合同的流程

（1）交易双方协商一致的，由房地产经纪机构在系统中填写《存量房买卖合同信息注销申请表（经纪成交）》并打印后，交易双方自行或委托房地产经纪机构到各区县服务窗口办理注销手续。

（2）交易双方对解除合同协商不一致的，应通过司法途径解决。交易任何一方可持解除合同的生效法律文书到服务窗口办理注销手续。

（3）如房地产经纪机构不配合办理注销手续的，交易双方可持房屋所有权证、身份证件到服务窗口填写《存量房买卖合同信息注销申请表》，由服务窗口核对相关信息后，办理注销手续。

2. 解除未签字（或盖章）合同的流程

（1）交易一方以未在合同上签字（或盖章）为由要求注销尚未完成的网上信息，由房地产经纪机构核实后在系统中填写《存量房买卖合同信息注销申请表（经纪成交）》并打印，申请注销的一方自行或委托房地产经纪机构到服务窗口办理注销手续。

（2）房地产经纪机构不配合的，申请注销的一方可向服务窗口提出注销申请，区县建委（房管局）在两个工作日内发出通知，要求房地产经纪机构在收到通知之日起三个工作日内提交交易双方已签字（或盖章）的合同文本。房地产经纪机构在规定时间内提交的，按有关规定办理注销手续；未提交的，予以注销合同网上信息，并将其违规行为记入该机构和人员的信用档案。

三、办理网签的相应风险

（一）特殊类型的房屋无法办理网签之风险

被法院查封的房屋、不满5年的经济适用房、未办理央产上市手续的央产房、尚未

下发不动产登记证的房屋、房源核验未通过的房屋均无法办理网上签约手续。

针对央产房,在办理网签时需要填写《在京中央单位已购公房变更通知单》编号。另外,市或区县建委(房管局)登记的不动产登记证信息与出售人持有的不动产登记证存在信息不一致的,例如 X 京还是非 X 京的不动产登记证,出现信息不匹配则必须终止网上签约的操作,否则事后仍然需要注销网签,耽误交易进度。

(二)经纪机构违规操作被限制办理网签之风险

交易双方未在合同上签字(或盖章),房地产经纪机构擅自将网上信息提交完成的,市或区县建委(房管局)经查实后将对该机构或人员的网上签约行为进行限制,并将其违规行为公示曝光。

房地产经纪机构和从业人员存在发布虚假或未公示的房源信息、不进行网上签约、隐瞒房地产经纪人员身份代理并收取费用、隐瞒交易价格、欺骗买卖双方赚取差价、不告知买卖双方查询密码及存在其他相关违法违规行为的,买卖双方可通过信息网、交易网网上举报投诉,或向各区县建委(房管局)投诉,经查实的可对经纪机构和人员的网上签约行为进行限制,将其违规行为记入该机构和人员的信用档案、进行公示曝光,并通报工商部门查处。

(三)交易双方协商不一致,无法顺利注销网签之风险

前文提到,办理网上签约之后,能够有效地避免出售人"一房二卖"的现象,但是如交易不成功,交易双方对解除合同协商不一致的,则无法顺利地注销网签,而是应通过司法途径解决。通过司法途径解决纠纷,需要耗费一定时间成本以及诉讼费用,就房屋价格波动较大的北京而言,无法及时注销网签,对于购房人来说,将有可能导致在另行购房的情况下,房价大幅上涨的差价损失。

四、办理网签的注意事项

(1)提前核验房屋,如发现房屋信息不匹配的第一时间将不动产登记证更名。

(2)严格审核交易双方的基本信息、交易资金以及划转方式,如实提供存量房交易信息和网上签约信息,并遵守网上签约的各项操作规程。

(3)办理网上签约发现错误的,必须第一时间联系交易双方注销网签。

五、网签的相关政策性文件

北京市政策性文件

《关于实行存量房买卖合同网上签约和信息公示有关问题的通知》(京建交 [2007] 508 号)
《关于办理存量房网上签约系统用户备案、信息公示、网上签约等有关问题的通知》
《关于全面推行存量房买卖合同网上签约有关问题的通知》
《关于存量房买卖合同和转移登记有关问题的提示》

(供稿:林红梅)

专题 18　连环单

> **导读**
>
> 　　我们一家三口现在住在一套面积为60.45平方米的房子里，想换个大点的房子。手里资金不足，需要卖了手里的这套房子才能另买房子。五天前有个购房人通过经纪机构介绍看中了我的这套小面积房子，我们双方谈得不错，已经签了买卖合同。恰巧签完合同第三天我也看中了一套房子，我现在的问题是：我卖的房子已经签了合同但还没有收到房款，我现在看中的这套房子能买吗？买卖合同可以签吗？如果签合同需要注意什么问题？

一、连环单概念及分类

　　我们在实际的房屋买卖交易中会接触到许多"连环单"业务。那么什么是连环单呢？连环单在法律上并没有明文规定。以我们多年房屋买卖业务经验来看，连环单就是出售人在卖房的同时还要买房或者购房人在买房的同时出售所属房产。从本质上说就是一笔买卖业务的完整交易需要以另一笔买卖交易为基础。因房产买卖交易复杂，在实际的交易过程中，也会发生多个买卖交易连环在一起的情形，我们称之为"多连环"。比如：乙卖房给甲又购买丙的房产，而丙将房产卖给乙后又购买了丁的房产。这样，甲乙丙丁就构成了多连环。

二、连环单的法律风险

　　连环单最大的风险就是毁约风险，产生毁约风险原因会有两种：一种是因出售人（即上家）不再将房屋出售，导致购房人（即下家）无法购买其房屋，同时购房人（下家）也面临不愿出售所属房产，这就是因上家毁约导致下家也违约；另外一种就是因购房人（即下家）不再购买房屋，导致出售人（即上家）无法取得房款，也无法承担新购房屋房款而违约的情况，一旦发生上述情况，毁约方就要承担相应的违约责任。因连环单涉及多个客户、多层环节，一旦操作不当，往往会给买卖房屋的交易双方带来财损房失的巨大风险。比如：王先生换房，需要"先卖后买"，但在签署购房合同时没有考虑自己出售房产时所签署合同的履行情况，自己的购房款迟迟不到位，大大超出自己购房合同中约定的履行时间，导致根本违约，按照合同约定，不但房子拿不到还要承担巨额的违约金。

案例解析——出售人换房未成，购房人赔偿损失

1. 事情经过

2012年11月，绳某为了其孙子上学，准备卖掉自己位于朝阳区的房子，另买一套位于海淀的学区房。2月份，有位李某看好了绳某的房子准备做婚房。双方通过A中介以648万成交价签署了买卖合同，在签约当日，李某支付了1万元定金。同日，绳某也通过另一方B中介签署了自己看好的位于海淀的学区房买卖合同，并支付给出售人王某10万元定金，中介费102000元。

2. 纠纷产生

签约后，李某先是按照合同约定支付给绳某19万购房款，绳某欣然接受。可没想到，绳某接下来等来的却是李某无法购房并要求她返还定金和房款的消息。绳某感觉很气愤，认为自己被耍了，坚决不同意返还任何款项。李某于是起诉到法院要求解除合同并要求绳某返还定金和购房款。绳某当庭提起反诉，认为李某未按约定履约，要求其承担违约责任。

3. 法院审理

绳某在庭审中答辩称：李某经A中介介绍与我签订购房合同，是李某真实意思的表示，李某在合同签订后向我交付定金及部分购房款，说明双方所签合同已开始实际履行，但李某在合同开始履行后又以与A中介发生纠纷为由单方终止合同的履行，其行为不仅违约，同时也给我造成实际损失（损失部分我将会提出反诉）。由于合同因李某的原因目前无法再继续履行，我同意解除双方所签合同。根据相关法律的规定。李某无权要求返还定金，已付部分购房款应作为违约金支付给我。我同意解除房屋买卖合同及相关附属合同协议；不同意退还李某已支付的购房定金及购房款。

绳某反诉称：我之所以要卖房，主要是当时急需用钱给孙子上学购买学区房，所以在与李某签订了房屋买卖合同后，我随即便与B中介介绍的刘某、王某两位房主签订了房屋买卖合同，并实际支付了中介费102000元，购房定金100000元，此外、我还委托儿子以及儿媳向他人借款146000元，决定购买另一处住房，我原本打算用李某支付的购房款转支付上述购房房款及买房借款，但没想到李某付给我200000元房款后，就以和A中介产生纠纷为由拒绝继续履行合同。李某单方终止合同的行为直接给我造成了以下两项的财产损失：

（1）是通过房屋中介A介绍签署的购房合同，由于我没有资金，未能继续按合同约定向卖房人支付购房款，导致我最后因违约损失100000元购房定金及41688元中介费；

（2）是由于我无力偿还借款，目前已支付借款利息167250元。

我认为我的上述损失由李某单方终止履行合同所造成，二者之间具有明显的因果关系和关联性，故李某对给我造成的损失应予以赔偿我要求：①解除我与李某签订的房屋买卖合同及相关附属合同及协议；②李某赔偿我因合同终止而造成的相关损失共计人民币

309470元。

李某针对绳某的反诉答辩称：不同意解除合同，要求撤销合同，损失也不同意，我是通过A中介买房，对方说的事情，我不知道，也没有跟我说，钱可以由其他来源产生，损失也不一定产生，买卖协议签订时，A中介说可以购房的情况下，才签订的居间合同，我也交了居间费，不符合政策，我也没有办法。

4. 判决结果

原审法院于2013年12月判决：①解除李某与绳某签订的《北京市存量房屋买卖合同（经纪成交版）》；②解除李某与绳某、第三人中介之间签订的《买卖定金协议书》、《补充协议》；③绳某于判决生效后十日内返还李某购房款十九万元；④李某于判决生效后十日内支付绳某定金损失十万元、居间费损失四万一千六百八十八元；⑤驳回李某的其他诉讼请求；⑥驳回绳某的其他反诉请求。

5. 法务分析

对于这个案例，大家可能会感到疑惑：李某都已经表明自己是没有购房资格的，怎么还会承担赔偿损失并支付违约金？那么李某提出自己不具备购房资格、无法购买涉案房屋的不认为自己违约的理由是否成立？实际上，北京市限购住房政策于2011年发布，内容早已被大家熟知，众所周知的事实。并且李某在签约当时签署了《购房承诺书》，说明其已经知晓限购政策，其应承担因自身原因导致无法购买房屋的违约责任；作为卖房人有理由相信购房人的承诺，因其急于换房，签约时已经对房屋价款及支付方式进行明确约定，并且此套房屋买卖合同中约定的付款履行时间为依据签署了购买另一套房屋的买卖合同。以房换房而签署这样的买卖合同就会带来因一方毁约带来巨大损失的风险。也就是说一旦购房人不履行支付房款的义务，就会为导致出售人因无法支付另一套房屋价款而带来的损失，换句话说，在连环单中一方的毁约造成损失的风险会远远大于非连环单中因一方毁约造成的风险。本案中，因购房人李某不购房导致出售人绳某已经购买的另一套房屋无法继续履行，就要因此承担无法继续履行而产生的违约责任并赔偿损失。这个违约责任发生的根源就是因为李某毁约造成的，那么绳某的损失应该由李某承担。

综上，在本案中，法院认定李某违约，应该承担绳某因李某违约而导致无法履行另一套房屋买卖合同所产生的损失并无不当。

本案例部分节选自（2014）三中民终字第4286号。

三、连环单交易风险的防范

连环单交易在二手房买卖中频繁出现，因其交易复杂，不但会涉及多个买房人和卖房人，而且各个交易环节都串联一起，只有保证每个环节都能如期顺利进行，才会使整个交易安全畅通完成。但在实际操作过程中，每个购房人具体情况、了解角度不一，一旦

出现问题可能影响两单或多单的交易。为了避免在实际履行中遇到因连环单交易导致履行不能等违约情况的发生,我们建议如下:

(1) 签约时,作为经纪人要多向买卖双方了解是否换房以及房款来源的信息;作为买卖双方来讲,要在签约时向经纪机构表明自己是否换房以及房款来源等交易信息,同时售房和购房尽可能选同一家经纪机构进行,以便于掌控两个单子的履行进程。

(2) 格外关注连环单中款项支付方式及支付时间,往往这两项内容关系着单子能否顺利履行。在约定这两项内容时,要参考另一张被连环的买卖单子的进展情况进行拟定。一旦涉及购房人以贷款方式支付房款的,经纪人一定要提前了解相关政策和办理进度并及时反馈给买卖双方,买卖双方也要及时听从取经纪人的建议积极配合履行。

(3) 连环单中价款约定尤为重要,即价款是否能按时支付时间以及支付风险的把控。为了保障连环单顺利进行,买卖双方快速交接房款、办理过户非常重要,必要时可选择大型经纪机构推荐有保障的金融产品保障连环单快速顺利完成。

(4) 必须学会使用补充协议,补充协议就是买卖双方在签订合同时遇到合同条款约定不明确或需要进一步约定时,合同相关条款后的空白行或在合同后填写附加条款,将合同中双方意思写明,会减少后续阶段因意思含混而造成的不便与麻烦。

(5) 对于购房人能够很好地履行合同,至关重要的一点就是可以附加生效条件,比如附加条件或附加期限都可以。

(6) 一旦发生迟延履行或履行不能的情况,合同双方及经纪机构要积极组织沟通,寻找解决方案,确定违约责任,尽快解决以免造成更大的损失。

四、思考题

王先生于2014年12月23日向刘女士出售自己的一套住房,2014年12月26日又通过同一家A中介与张先生签定了新购另一套房屋的合同,在签订合同时,王先生告知出售人张先生自己属改善性购房,他出售的房子房款大约会在一个月后到账,张先生说表示理解。双方签完合同后王先生支付了3万元定金给张先生。合同中约定首付款支付时间为"签订合同后30日内",签订合同后第15天,王先生通知A中介其出售房屋的房款无法到位,合同无法继续履行了。A中介及时通知了张先生,张先生表示自己也是换房,因为王先生不购买房屋的行为导致自己也构成了违约,表明定金不退并要求王先生承担因其无法购买房屋导致的违约责任。

【问题】此单是否是连环单?王先生是否违约?承担什么样的违约责任?如果你来签署这买卖单,应怎么样控制其中风险?

【答案】

(1) 是连环单,因从题干中就能看出王先生属于"一卖一买"。

(2) 王先生构成违约,因为王先生无法按照合同约定支付房款,同时也无法购买张先生的房屋,已经构成违约,应该承担根本违约责任。但是在他承担违约责任后可以向刘某提出追究违约责任，赔偿其损失的诉求。

（3）对于如何控制风险，应做到以下几点：

1）具体了解到出售房屋合同中对于房款收支方式、过户、交付房屋等合同履行的时间节点；依据其出售房屋合同中关于履行的约定对其购买房屋合同履行节点进行认真推算，如有政策及时间把握不准的，提前和相关部门了解确定。

2）在合同履行过程中，要准确掌握"一卖一买"两个合同的履行情况，进行督促，并及时告知到交易双方。

3）利用补充协议补充约定购房人因换房未按期支付房款导致违约责任的承担。

4）在王先生提出无法继续履行合同后，了解原因，积极协调是否有解决方案，比如现在大型的经纪机构会有金融产品渠道以解决合同履行遇到的困难。

五、违约责任相关法律条文

《中华人民共和国合同法》

详见第一百零七条、第一百零八条、第一百零九条、第一百一十条、第一百一十二条、第一百一十三条、第一百一十四条、第一百一十五条和第一百一十六条。

（作者：唐广娟）

专题 19　交易房屋有抵押

> **导读**
> 我看中了一套房子,在签署买卖合同前发现现在的出售人把房子抵押给了银行,购买这种有抵押的房子对我有什么风险?

一、房屋抵押的基本概念

(一)房屋抵押简介

房屋抵押是指债务人或第三人将房屋抵押给债权人作为清偿债务担保的法律行为。提供抵押房屋的债务人或第三人称为抵押人;所提供抵押房屋称为抵押物;债权人则为抵押权人,因此享有的权利称为抵押权。被抵押的房屋可以是债务人的,也可以是别人的。债务人不按照约定履行债务时,债权人有权依法以该房屋折价或者以拍卖、变卖该房屋的价款优先受偿。

举例来说,按揭购房就是房屋交易中比较常见的一种抵押形式:购房人往往无法一次性向开发商支付全额购房款,就向银行申请购房贷款,银行将发放给购房人的贷款支付给开发商,购房人进而取得房屋所有权。同时银行为了使得发放给购房人的贷款及利息能够如期收回,要求购房人将购买的房屋抵押给银行,作为银行对购房人所享有的债权的担保,如果购房人不能依照约定偿还银行发放的贷款,银行可以将抵押的房屋拍卖、变卖,以所得到的价款来抵偿购房人所欠付银行的贷款金额及利息,多出来的价款还给购房人,如果所得价款不足以清偿购房人欠付银行的债务,银行有权利继续向购房人追偿。

(二)房屋抵押的特点

(1)抵押权人不需要实际占有控制被抵押的房屋,只需要办理抵押登记就可以。也就是说,出售人出售房屋时,即使其实际居住在房屋内,该房屋也可能已经被抵押给第三方。

(2)双方可以自由约定房屋抵押的期限,所要担保的债权的具体数额,抵押权人实现抵押权的时间、条件、方式等。总而言之,对于房屋的抵押,双方有着足够充分的自由约定空间。

(3)抵押人对被抵押的房屋依然享有充分的权利,诸如:可以占有使用房屋,将房屋出租盈利等。

(4) 债务人可以用自己的房屋来抵押，也可以用他人的房屋抵押；并且同一个房屋可以进行多次抵押。

(5) 房屋被抵押之后，房屋的所有权人如果想转让、赠与房屋给他人，需要征得抵押权人的同意，否则其处分行为无效，除非房屋的受让人愿意代替抵押人还清其所负担的债务，对于受让人的代为清偿债务行为，房屋抵押权人没有正当理由不得拒绝；相反，如果房屋抵押权人想把自己享有的抵押权转让给他人，只需要通知抵押人就可以了，并不需要征得其同意。

（三）房屋抵押权人的权利

房屋抵押权人可以是普通的个人、公司、银行等其他组织。抵押权人主要享有保全、处分和受偿权三大权利，其中受偿权是抵押权人享有的最重要的一项权利，也是最能直接保障其抵押权得以实现的一项权利。

1. 抵押权的保全

在抵押人的行为足以使抵押的房屋价值减少时，比如拆分毁坏被抵押的房屋，抵押权人有权要求抵押人停止其行为，并恢复房屋的价值，或提供与减少的价值相当的担保。也就是说，如果抵押人的行为损害到了抵押权人享有的抵押权，抵押权人有权利要求其停止侵害并恢复原状。

2. 抵押权的处分

抵押权人可以将其享有的抵押权转让给他人，或就抵押权为他人提供担保。抵押权在一定程度上是可以像财产一样进行转让的，并且不需要经过抵押人的同意，这也是其价值的体现。

3. 优先受偿权

在债务人不履行债务时，抵押权人可与抵押人协议以抵押的房屋折价或以拍卖、变卖后的价款来清偿债务；协议不成的，抵押权人可以向法院提起诉讼，请求法院对抵押物进行拍卖，以拍卖所得到的钱来清偿债务。抵押物折价或拍卖、变卖后，其价款超过债权数额的部分归抵押人所有，不足部分由债务人清偿。

案例解析——出售人不能解押的法律风险

1. 事情经过

2004年2月12日，谢某与某房地产开发有限公司签订了《商品房买卖合同》，购买其开发的建筑面积177.05平方米的住宅一套，付款方式为一次性付清全部房款；并在合同中约定该公司应当在商品房交付使用后360日内，办理完毕权属登记手续。合同签订后谢某依约向该公司交清了全部购房款，公司将房屋交付给了谢某。

2. 纠纷产生

该房屋虽然登记在建设单位该公司名下，却已于 2003 年 1 月 24 日由该公司抵押给了长沙市商业银行，房屋抵押一直未能解除。2012 年 7 月 19 日，湖南省岳阳市某区人民法院发出的协助执行通知书冻结了该房屋产权。故谢某于 2013 年起诉至湖南省长沙市某区人民法院，请求判令该公司履行合同义务，立即办理权属登记手续并为谢某办理房屋所有权证。

3. 法院审理

长沙市某区人民法院审理后认为，涉案房屋在双方签订房屋买卖合同之前已由该公司抵押给了长沙市商业银行，该房屋现亦被湖南省岳阳市某区人民法院查封。房产的权属状况不能确定，依法驳回了谢某要求判令该公司为其办理房产权证的诉讼请求。

谢某不服一审法院的判决，上诉到了湖南省长沙市中级人民法院，诉称：根据双方签订的《商品房买卖合同》的约定，因出售人原因，造成商品房不能办理产权登记或发生债权债务纠纷的，由出卖人承担全部责任。出卖人在出卖房屋时，却隐瞒了其已将房屋抵押给案外人进行借款的事实。且现房屋仍登记在该公司名下，没有变更，原审法院认定"涉案房产的权属未能确定"的说法与事实不符。请求二审法院撤销原审判决，依法改判支持上诉人的诉讼请求。

4. 判决结果

2015 年 6 月 16 日，二审法院判决驳回了谢某的上诉，维持一审判决，理由是未经抵押权人同意，不得擅自转让抵押财产，否则转让行为无效。由于二审判决是终审判决，谢某请求该公司履行合同义务，立即办理权属登记手续并为其办理房屋所有权证的目的难以实现了。只能追究该公司的违约责任来弥补自己的损失，但前景并不乐观。

5. 法务分析

本案的判决结果必然令谢某大失所望和难以接受，自己一次性支付全款购买的房屋，先是开发商隐瞒了房屋被抵押的事实，后是房屋被法院查封，虽然房屋已经交付给了自己，但却历时 10 年之久仍然无法实际取得房屋的所有权；并且，如果该公司不能还清欠付银行的贷款、解除房屋的抵押，房屋的抵押权人向法院申请强制执行的话，自己居住的房屋很有可能被法院强制拍卖掉，也就是说，自己随时都有可能丧失所购买并长期居住的房屋的所有权；到那时候，谢某只能向该公司追究其违约责任，而该公司多半无力偿还债务，自己 10 年前支付给该公司的购房款也很难追回，最后落得"房钱两空"的下场。

在未经抵押权人长沙市商业银行同意的情况下，无法办理解除抵押手续，也就不能办理涉案房屋过户手续，而抵押权人银行同意解除抵押的前提必然是该公司还清贷款。可见：购房人购买存在抵押的房屋时，如果出售人不能及时解除房屋抵押，购房人将面临极大的风险。

本案例部分节选自（2015）长中民三终字第 02459 号判决节选。

"该公司与谢某于 2004 年 2 月 12 日签订的《商品房买卖合同》是双方的真实意思表示，

无法定的无效情形,其合法有效,该公司和谢某均应按照合同约定履行相应的义务。然,因涉案房屋已于2003年1月24日抵押给了长沙市商业银行,故根据《中华人民共和国物权法》第一百九十一条第二款'抵押期间,抵押人未经抵押权人同意,不得转让抵押财产,但受让人代为清偿债务消灭抵押权的除外'之规定,在未经抵押权人同意的情况下,并不能办理涉案房屋所有权的变动。谢某要求该公司将房产证等资料报产权登记机关备案,并为其办理房屋所有权证的主张,将直接导致抵押房屋所有权的变动,且未经抵押权人长沙市商业银行的同意,故本院不予支持。"

二、出售/购买有抵押房屋的方式

(一)出售有抵押的房屋

出售人出售有抵押的房屋,需要征得房屋抵押权人的同意,否则出售行为可能被认定为无效,也无法完成过户;而抵押权人同意抵押人出售房屋的前提往往是抵押人清偿所欠债务,具体而言,有以下两种方式:

(1)出售人自行还清欠款,办理完毕房屋解押手续,使得房屋没有权利负担后,再行出售。

(2)购房人支付首付款替出售人还清欠款,将房屋解除抵押后再行出售。

本质上来说,出售有抵押的房屋,前提是要解除房屋的抵押,使得出售人对房屋享有完全自主的处分权,方可顺利出售。

(二)购买有抵押的房屋

购买有抵押的房屋,一般采用以下两种方式来规避风险:

(1)出售人先还清欠款,并从抵押权人处取得《他项权证》,然后到房地产交易中心办理抵押登记注销手续,办完注销手续后就能办理过户交易手续。如果抵押权人是银行,需要向银行预约还款时间。

(2)办理银行转按揭手续(银行是抵押权人时才可以办理),转按揭不需要出售人提前还贷和办理抵押注销手续,但对贷款人的审核比较严格,而且并不是每一家银行都有转按揭业务。

第一种先还欠款的方式,手续简单,时间较快,在实践中得到广泛应用,但也存在一定的风险:如果出售人用自有资金提前还款后再过户交易,对购房人来讲则不存在风险,但实务中出售人往往要求买受方先付一部分首付,用首付帮其提前还贷。这时,为了保障首付款的安全及交易的顺利进行,购房人一定要把握好以下两点:

1)要尽量压缩付首付至过户的时间;

2)尽量将首付直接付到出售人的贷款银行。

三、思考题

张三通过 A 中介的居间介绍，决定购买李四房屋一套，双方签署了《房屋买卖合同》，张三依约支付了部分购房款，双方在合同中约定李四于 2015 年 5 月 6 日办理完毕房屋的解除抵押手续，并于 2015 年 8 月 8 日办理过户手续。但李四直到 2015 年 8 月 8 日仍未能办理完毕解押手续，导致交易房屋无法过户，张三无法取得房屋所有权。

【问题】如果你是 A 中介负责此单的经纪人，你会如何避免和解决这一问题？

【答案】

（1）避免类似问题发生

首先，签约前要了解出售人的财产状况与负债情况，综合多方信息判断其能否按时解除房屋抵押，如果不能，则不可签约；如果能，一定要在合同中约定清楚出售人还款解押及购房人领取房本的时间，以及出售人逾期解押应承担的违约责任。

其次，签约后要注意及时跟进了解双方履行合同的情况，充分掌握交易双方履行约定义务的时间点，按时提醒双方及时履约，一旦发现任何一方有迟延履行义务或其他违约的迹象，要第一时间与之沟通，了解具体情况，督促其依约履行义务；如果有一方已经违约并不听从劝阻，要及时通知另一方，一起协商解决。总而言之，一定要充分尽到经纪机构应尽的各项义务，同时注意保存与双方往来的各类证据，以便后期纠纷的解决。

（2）解决已发生的问题

针对上述题目中出现的问题，作为负责此单的经纪人，要在纠纷出现的第一时间，及时和李四沟通，了解其迟延解押和办理过户的原因，同时告知其已经构成违约，向其说明违约所要承担的责任，晓之以理，动之以情，劝告其尽快履行约定义务。同时也要与张三积极主动地沟通，询问其是否能够谅解李四，同意李四迟延履行约定义务并不追究或少追究李四的责任。如果双方能达成一致，则组织双方签署书面的变更协议，变更解押和过户时间；如果协调失败，则尊重双方的选择，协助其以诉讼等方式解决问题。

四、房屋抵押相关法律条文

（一）《中华人民共和国物权法》

详见第一百七十八条、第一百九十一条第二款、第一百九十五条、第一百九十六条、第一百九十八条和第二百零二条。

(二)《中华人民共和国担保法》及相关司法解释

1.《中华人民共和国担保法》第四十九条第一款　抵押期间，抵押人转让已办理登记的抵押物的，应当通知抵押权人并告知受让人转让物已经抵押的情况，抵押人未通知抵押权人或者未告知受让人的，转让行为无效。

2.《最高人民法院关于适用中华人民共和国担保法若干问题的解释》第六十七条　抵押权存续期间，抵押人转让抵押物未通知抵押权人或者未告知受让人的，如果抵押物已经登记的，抵押权人仍可以行使抵押权；取得抵押物所有权的受让人，可以代替债务人清偿全部债务，使抵押权消灭。受让人清偿债务后可以向抵押人追偿。

3.《担保法解释》第七十四条　抵押物折价或者拍卖、变卖所得的价款，当事人没有约定的，按下列顺序清偿：（一）实现抵押权的费用；（二）主债权的利息；（三）主债权。

4.《担保法》第五十四条　同一财产向两个以上债权人抵押的，拍卖、变卖抵押物所得的价款按照以下规定清偿：（一）抵押合同以登记生效的，按照抵押物登记的先后顺序清偿；顺序相同的，按照债权比例清偿；（二）抵押合同自签订之日起生效的，该抵押物已登记的，按照本条第（一）项规定清偿；未登记的，按照合同生效时间的先后顺序清偿，顺序相同的，按照债权比例清偿。抵押物已登记的先于未登记的受偿。

5.《担保法司法解释》第七十六条　同一动产向两个以上债权人抵押的，当事人未办理抵押物登记，实现抵押权时，各抵押权人按照债权比例受偿。

（供稿：高立新）

专题 20　交易房屋被查封

> **导读**
> 在二手房交易的过程中，我们有时会遇到这样的一种情况，就是交易房屋在过户前被法院、检察院或公安机关查封，多数情况下是人民法院的查封，那么这种房屋的买卖合同效力如何？房屋交易是否能继续进行？如何保障当事人的合法权益呢？

一、交易房屋被查封的基本概念及类型

交易房屋被查封指的是出售人所出售的房屋被有权采取查封措施的国家机关进行了查封，从而对交易房屋进行限制转让的一种情形。

根据房屋买卖合同签署时间与交易房屋被查封时间，我们这里将房屋被查封的情形分为两大类：

（1）交易房屋在房屋买卖合同签署前就已经被查封（以下简称"签前查封房"）。

（2）交易房屋在签署房屋买卖合同后被查封（以下简称"签后查封房"）。

二、交易房屋被查封的法律风险

（一）合同效力之风险

（1）若交易房屋是属于"签前查封房"：则所签署的房屋买卖合同将面临着无效的风险。根据我国法律法规等规定，出售人擅自将已被有权国家机关采取了查封等强制措施的房屋转让给他人的，买卖合同一般认定为无效。

一旦房屋买卖合同被法院认定为无效，购房人将无法依据合同违约条款追究出售人的违约责任。除非买卖双方对查封的违约责任设置了独立条款，且该独立条款的有效性得到了法院的认可。

独立条款指的是该条款的效力独立于整个合同的效力，它不会因合同的解除、无效、终止而丧失法律效力。

（2）若交易房屋是属于"签后查封房"：则所签署的房屋买卖合同具有法律效力（不存在其他合同无效情形下），受法律保护，出售人和购房人都受其所签署的房屋买卖合同

等协议的约束。若房屋出售人的房屋遭受到查封,导致交易无法进行,则房屋购房人可以依据法律规定及合同约定要求房屋出售人进行赔偿。

(二)合同无法履行之风险

无论"签前查封房"还是"签后查封房"都面临着合同无法履行之风险。因交易房屋存在查封之房屋产权限制转让的情形,从而导致无法为交易房屋办理网上签约、过户等手续,查封不解除,房屋买卖交易将无法进行。

(三)购房人自行支付的房款将面临着可能无法追回之风险

在实践的房屋交易过程中,购房人一般在过户前已将定金或部分的首付款支付到房屋出售人手中,一旦交易房屋被查封,交易房屋未能过户至购房人名下,购房人可能面临已自行支付的房款无法追回的风险,有些出售人收到房款后将其偿还其他债务或将房款进行消费,此种情形下对购房人而言将面临着"房财两空"的风险。

案例解析——签前查封房之法院判例

1. 事情经过

2012年,张某通过A中介看上了某小区李某的房子,并同年9月张某与李某在A中介的居间下签署了房屋买卖合同等一系列文件,约定张某以500万元总房款购买李某的房子,合同签订后,张某陆续向李某支付了房款人民币220万元。

2. 纠纷产生

在张某陆续支付房款220万元后,A中介办理网上签约手续时,发现交易房屋已2012年3月份被人民法院查封,至今未解封。发现此种情形时,经过多次协商,张某和李某达成新的补充约定,约定李某在一定的时间内解除查封,配合交易的手续顺利进行,若李某仍未按照补充约定办理,李某承担向张某已付款的200%违约金作为违约责任。新补充协议签署后,李某仍未在约定的时间内办理完毕解除查封的事宜,也拒绝将张某已付房款返还给张某,张某一怒之下,将李某、A中介告上"公堂",要求解除房屋买卖合同,支付已付款的200%违约金。

3. 法院审理

法院认为:依法成立的合同受法律保护,采用欺诈、胁迫、恶意串通等方式订立合同、侵害公共利益或他人利益、或以合法形式掩盖非法母的、违法国家强制性法律规定的合同自始无效,应恢复合同订立时的原状。出卖人的标的物应属于出卖人所有或者出卖人有权处分。由于合同无效引发的损失应根据订立合同的具体情形以缔约过失责任的形式分担。在该案中张某与李某签订房屋买卖合同等相关文件时,交易房屋已处于法院查封状态,此种存在的权利处分限制的房屋系买卖合同合法标的的除外情形,故该房屋买卖合同应属于无效，张某提出的解除合同无事实基础和法律依据，法院予以驳回。

另法院在审理中：曾向张某释明慎重考虑合同效力，并明确诉讼请求，但张某表示坚持原有的诉讼请求。

4. 法院判决

经过法院庭审审理，人民法院依照《中华人民共和国合同法》第五十二条、第一百三十二条，《中华人民共和国民事诉讼法》第一百四十四条之规定，法院驳回了张某的诉讼请求，同时张某承担了案件受理费 42000 元整。

5. 法务分析

看到法院的判决结果，不少的读者很纳闷，也表示不公。明明是房屋出售人隐瞒了房屋被查封的情况，导致交易房屋无法履行，而且张某已经付了 220 万元的房款，但为何最终法院驳回了张某的诉讼请求，还让张某承担了 42000 元的诉讼费用。

在这里，我们可以回顾一下案件事实经过，李某在出售此房屋给张某时，交易房屋已经被其他人民法院采取了查封的措施，在该种情况下，作为房屋产权人李某，是无权处分该房产的，故人民法院据此认定该房屋买卖合同属于无效合同，而该案件张某提出解除的合同并要求李某承担违约金是建立在合同有效基础上的，且人民法院在审理过程中，已建议张某慎重考虑合同效力，并明确其诉讼请求，但张某表示坚持原有的诉讼请求，应张某的诉讼请求缺乏法律依据支撑，法院只能驳回张某的诉讼请求，对于诉讼费用，按照"谁败诉，谁承担"的原则，只能由张某自己承担了。

本案例部分节选自朝民初字第 22951 号。

> 特别提示：在现实实践中，有些法院出于保护房屋购房人利益的等需要，对于"签前查封房"这类纠纷，有些法院认定房屋买卖合同有效，对于合同无法实际履行，从而判决房屋出售人承担违约责任。但是考虑到合同无效及履行障碍的风险，对于"签前查封房"，我们建议不要操作！

案例解析——签后房屋之法院判例

1. 事情经过

2012 年 12 月，胡某以房屋成交总价人民币 316 万元购买王某名下北京市朝阳区某处房屋。在签署房屋买卖合同时，交易房屋有抵押尚未还清，房屋买卖合同签署后，胡某陆续支付了房款计人民币 284 万元（含定金），剩余房款 32 万元于过户当日支付，胡某陆续支付了房款计人民币 284 万元，王某将交易房屋交付给胡某使用，王某收到房款后，并未办理交易房屋抵押登记的解除手续。从而导致交易房屋无法办理过户，后胡某与王某、担保人吴某经协商达成新的补充约定：王某承诺 2013 年 7 月 20 日前还清银行的剩余贷款，并支付胡某人民币 18 万元作为补偿（该补充协议签署当日支付一万元整。剩余 17 万元整于过户当日支付），担保人吴某对王某的上述行为承担连带保证责任。

2. 纠纷产生

由于出售人王某未按照新的补充协议约定时间的解除抵押登记手续，交易房屋无法办理过户胡某的名下，胡某一纸诉状递到法院，要求王某配合履行约定事宜，办理将交易房屋过户至胡某名下的手续、向胡某拟支付归还银行贷款的款项90万元整以及逾期过户的补偿款17万元整，并支付相应的违约金，对于担保人要求其承担连带责任。

购房人胡某向法院提出诉讼的同时，申请了人民法院查封此房屋，人民法院作出查封的裁定后，发现交易房屋于2013年7月9日被北京市西城人民法院裁定查封此房屋，2013年11月9日被江西省瑞昌市人民法院裁定查封此房屋。

法院认为：交易房屋在被法院查封之前就已经签订了房屋买卖合同，房屋买卖合同签订在先，该合同系双方当事人真实意思表示，且不违反法律、行政法规强制性规定，合法有效，但至此案辩论终结之时，上述房屋查封仍未解除，房屋买卖合同不具备继续履行的条件。

3. 法院审理

故上述房屋买卖合同现不具备继续履行的条件，对于房屋购房人胡某要求继续履行房屋买卖合同、办理过户手续、完成房屋买卖的诉讼请求，法院难以支持。且胡某要求支付逾期违约金、逾期过户补偿款系建立在合同履行的基础上的，故对此法院也不予支持。

4. 判决结果

人民法院最终依照《中华人民共和国城市房地产管理法》第三十八条第（二）项之规定：驳回购房人胡某的全部诉讼请求。

5. 法务分析

如果读者细读下本章关于"交易房屋被查封的法律风险或后果"的内容，再结合此案房屋购房人的诉讼请求，其实对法院的判决结果也就在意料之中了。

交易房屋在签署房屋买卖合同被法院或相关国家机关查封，其所签署的房屋买卖合同是合法有效的，但是交易房屋若是无法解除查封，则房屋买卖交易将无法继续进行。如果在上述案件，房屋购房人所提出的诉讼请求是解除合同并要求房屋出售人承担因出售人原因导致合同无法履行的违约责任，笔者相信法院的判决将会是另外一种结果。

本案例部分节选自朝民初字第07497号。

三、交易被查封的房屋

（1）若交易房屋在出售前已被相关国家机关查封，则不能进行交易。

若交易房屋在出售前已被相关国家机关查封，即使是交易房屋的产权本人，也无权处分该房产，所签署的房屋买卖合同存在将会被法院认定为无效合同的风险，作为购房人，将会面临"房财两空"的风险，其权益很难得到保障。

（2）若交易房屋在房屋买卖合同签署后被国家相关机关查封，在不存在其他合同无效的情形下，该房屋买卖合同有效，受法律保护，因出售人的原因导致房屋交易无法继续进行，出售人应当依照法律规定及合同约定承担相应的赔偿责任。

四、思考题

场景一、"签前查封房"案例

小李通过 A 中介购买了小王名下一套房屋，于 2015 年 5 月 10 日签订房屋买卖合同等一系列文件，小李全款以总价人民币 320 万元购买交易房屋，现小李自行支付了定金 10 万元。剩余房款尚未支付，在办理网上签约手续时，A 中介发现交易房屋已被查封，经查实，交易房屋已于 2015 年 3 月被人民法院查封。知晓上述事宜后，经纪人立即联系了买卖双方进行协商处理，出售人小王表示，只要小李再给他 100 万元，他就能办理解封事宜。

【问题】此时你是此单的经纪人，能建议购房人同意房屋出售人的请求吗？你又打算如何处理此单呢？

【答案】不能，因为交易房屋已经被查封了，该房屋买卖合同将有可能被法院认定为无效合同，而且购房人自行支付的房款存在无法追回的风险。对于此类情形，法务建议按照以下方式处理：

（1）首先要协助购房人向出售人追回已付的定金及房款，降低损失。

（2）如买卖双方能协商一致，签署书面协议，不再履行合同，约定已付定金、房款退还及其他相应的法律责任，如不能协商一致，可建议购房人通过诉讼方式解决，并建议聘请专业的律师进行诉讼。

场景二、"签后查封房"案例

小吴通过 A 中介购买了小赵名下一套房屋，于 2015 年 4 月 15 日签订房屋买卖合同等一系列文件，小吴以总价人民币 280 万元全款购买交易房屋，现小吴自行支付了定金 10 万元。2015 年 5 月 20 日房屋出售人收到法院通知，告知此房屋已被小林申请查封，但此时尚未办理网上签约手续，剩余房款也尚未支付。

【问题】此时你是此单的经纪人，你打算如何处理此单呢？

【答案】对于该种情况有以下处理方式：

第一种处理方式：解除房屋买卖合同，因出售人涉及经济纠纷从而导致交易房屋被查封，增加交易的风险，外人亦无法得知出售人是否存在其他债务纠纷，此次诉讼何时能顺利解决，在查封未解除前，交易手续无法继续进行。建议此单按照解约处理，房屋出售人应退还购房人已付房款,按照合同约定承担相应违约责任,签署解约协议后,购房人可以购买其他房屋实现购房之目的。如双方对解约事宜未能协商一致的,建议房屋购房人应尽早诉讼解决此事。

第二种处理方式:继续履行,若房屋出售人承诺在一定的时间内解除查封,且房屋购房人知晓上述事宜并考虑查封所存在的风险,房屋出售人和购房人可以书面约定,约定内容主要包括:"房屋出售人承诺什么时间办理完毕解封事宜,若逾期仍未能解除查封承担什么样的责任,房屋购房人知晓查封事宜并充分考虑到相关风险同意继续履行合同,作为居间方已充分告知买卖双方交易的相关风险等约定,此外因交易房屋被查封所导致房屋交易的其他事宜需要进行变更等约定。"此种情况,合同继续履行有一定的风险,建议慎重考虑,如果继续履行,建议所有房款都办理独立买卖双方财产的资金托管手续。

五、关于房屋被查封相关法律条文

(一)我国《城市房地产管理法》第三十七条

司法机关和行政机关依法裁定、决定查封或者以其他形式限制房地产权利的不得转让。

(二)《城市房地产转让管理规定》第六条

司法机关和行政机关依法裁定,决定查封或者以其他形式限制房地产权利的房地产不得转让。

(三)《最高人民法院、国土资源部、建设部关于依法规范人民法院执行和国土资源管理部门协助执行若干问题的通知》

第二十一条规定:"已被人民法院查封、预查封并在国土资源管理部门办理了查封、预查封登记手续的土地使用权、房屋,被执行人隐瞒真实情况,到国土资源、房地产管理部门办理抵押、转让等手续的,人民法院应当依法确认其行为无效,并可视情节轻重,依法追究有关人员的法律责任。国土资源、房地产管理部门应当按照人民法院的生效法律文书撤销不合法的抵押、转让等登记,并注销所颁发的证照。"

(四)《最高人民法院关于转卖人民法院查封房屋行为无效问题的复函》

(五)北京市高级人民法院关于审理房屋买卖合同纠纷案件适用法律若干问题的指导意见(试行)

第九条　出卖人擅自将已被有权国家机关采取了查封等强制措施的房屋转让给他人的，买卖合同一般认定为无效，但相应有权国家机关或申请采取强制措施的权利人同意转让，或者一审法庭辩论终结前强制措施已经解除的，可以认定合同有效。

（供稿：钱焕章）

专题 21 凶宅

> **导读**
>   我买了一套房子，后来知道这房子里面发生过不吉利的事情，让我很为难，不知道该怎么办？房子能退吗？除了退房款还能再赔偿我损失吗？法院能支持我的请求吗？

一、凶宅的概念

1. 凶宅含义

凶宅并非法律概念，按照一般理解在房屋本体结构内曾发生自杀、他杀、意外死亡事件。

2. 交易凶宅的法律风险及后果分析

虽然房屋内发生非正常死亡事件客观上未影响到房屋的实际使用价值，但是该情形因影响到购房人的心理感受包括忌讳、恐惧、焦虑等而造成房屋交易价值降低或违背购房人对于房屋实际价值的期待。

房屋交易过程中，出售人未将房屋发生的此类状况告知购房人，导致购房人陷入错误认识而购买房屋，则可能发生的法律后果可能为合同被解除或者撤销。

（1）首先我们来讲解合同撤销是当事人对合同的内容有重大误解或显失公平，可以经利害关系当事人请求。撤销该合同，使其已经发生的法律效力归于消灭。

可撤销、可变更的合同包括：①因重大误解订立的合同；②显失公平的合同；③一方以欺诈、胁迫的手段或者乘人之危，所订立的未损害国家利益的合同。

合同撤销后的法律后果：《合同法》第五十八条规定"合同无效或者被撤销后，因该合同取得的财产，应当予以返还；不能返还或者没有必要返还的，应当折价补偿。有过错的一方应当赔偿对方因此所受到的损失，双方都有过错的，应当各自承担相应的责任。"

（2）讲解完撤销，我们来说说合同的解除。开宗明义，合同的解除是指合同有效成立后，因当事人一方或双方的意思表示，使合同效力归于消灭的行为。通过上述概念，我们不难看出合同解除的前提是合同已经成立并生效，如果合同本身并未生效或者自始无效则不涉及撤销或解除。

《合同法》第九十四条规定，有下列情形之一的，当事人可以解除合同：

1）因不可抗力致使不能实现合同目的。不可抗力致使合同目的不能实现，该合同失去意义，应归于消灭。在此情况下，我国合同法允许当事人通过行使解除权的方式消灭合同关系。

2）在履行期限届满之前，当事人一方明确表示或者以自己的行为表明不履行主要债务，此即债务人拒绝履行，也称毁约，包括明示毁约和默示毁约。作为合同解除条件，它一是要求债务人有过错，二是拒绝行为违法（无合法理由），三是有履行能力。

3）当事人一方迟延履行主要债务，经催告后在合理期限内仍未履行。此即债务人迟延履行。根据合同的性质和当事人的意思表示，履行期限并非特别重要时，即使债务人在履行期届满后履行，也不会致使合同目的落空。在此情况下，原则上不允许当事人立即解除合同，而应由债权人向债务人发出履行催告，给予一定的履行宽限期。债务人在该履行宽限期届满时仍未履行的，债权人有权解除合同。

4）当事人一方迟延履行债务或者有其他违约行为致使不能实现合同目的。对某些合同而言，履行期限至关重要，如债务人不按期履行，合同目的即不能实现，于此情形，债权人有权解除合同。其他违约行为致使合同目的不能实现时，也应如此。

5）法律规定的其他情形。法律针对某些具体合同规定了特别法定解除条件的，从其规定。

案例分析——笼罩婚房的凶宅阴影

1. 事情经过

2014年对江某是不同寻常的一年，即将大婚的他准备购买一套婚房。江某母亲通过A中介看了将近半年的房子，终于相中一套张某家的两居室。江某母亲表示，婚期临近需要马上和张某见面把合同签了，然后尽快装修。中介经纪人小李立刻着手联系张某，双方约好当晚见面。江某一家和张某见面时，双方协商妥当房屋价格、付款方式、交房时间之后，江某母亲像想起了什么重要事情，很隐晦地问了张某一句"这房子没出过什么事吧？我们是买婚房，对这事很介意。"张某明确表示"你放心，大姐。这房子一直有人住，现在拿出来卖，没出过事。"江某母亲听后长舒了一口气，双方签署了买卖合同，两个月后房屋顺利过户至江某名下。

2. 纠纷产生

房子终于顺利过户，江某母亲按照早就确定的装修风格开始组织进场装修，每天忙得不亦乐乎。在和邻居逐渐熟悉之后，闲聊时，邻居欲言又止地问她"这房子买的时候便宜吗？"江某母亲说："可不便宜，就是市场价270万元呢！孩子结婚着急用，我都没砍价。"邻居说："那这房子的事你都知道？"江某母亲顿时心生疑云，问："什么事？"邻居紧接着说："这房子前两年着火了，他家那男的就是死在屋里了。"江某母亲听后一震，霎时傻了眼，她马上告诉自己老伴，两人会合后火速赶到A中介要求核实。

经过A中介与张某的核实，张某表示邻居不了解情况，是失火了，但是面积很小。当时人是在房子里面去世的，但是并非烧死的，是中毒死的，不是凶宅。江某母亲听后，怒火中烧要求退房再赔钱。张某一再表示，已经过去好几年了，而且不是烧死是中毒不能算凶宅。眼看协商无果，江某一纸诉状将张某告上法庭，以张某欺诈为由，要求撤销合同并且返还购房款、装修、税费等各项损失。

3. 法院审理

江某答辩时称，房屋交易时明确告知是要购买婚房，并且已经询问是否曾经发生过自杀、他杀等非正常死亡事件，如果曾经发生过上述事件，就肯定不会购买。张某肯定地表示不是凶宅，才签订合同购买此房的，现房屋为凶宅，张某应属欺诈。

张某答辩时称，她丈夫是失火后中毒死亡，场面并不血腥残忍，不是自杀、他杀，而是意外死亡。没有想要欺诈的故意，就是意外死亡也不能说是凶宅，所以不同意撤销合同。

法院经过审理认为：江某与张某签订的合同是合法有效的，双方应当依照合同约定完整履行。但，民俗文化经过历史的长期沉淀并延续，形成了普通大众对自然和社会的认识判断，进而影响公民的行为判断。房屋内发生非正常死亡事件，与当事人在缔约时真实意思表示不符，违背了购房人对于房屋实际价值的期待，构成房屋的重大瑕疵，是影响买卖合同订立及履行的重大事项。

同时，当事人行使权利、履行义务应当遵守诚实信用原则。房屋出卖人在出售涉案房屋时，负有信息披露义务，应当如实将所售房屋信息特别是房屋瑕疵充分告知购房人，促使购房人作出正确的意思表示。本案中，当事人未披露房屋内发生非正常死亡事件，违反诚实信用原则，构成欺诈。

4. 判决结果

最终，经过一审法院的审理，依据《中华人民共和国合同法》第五十四条、第五十六条、第五十八条的规定，判决如下：撤销江某与张某签署的买卖合同，同时张某需要返还江某购房款并且赔偿包含装修、房款利息等损失。

本案例部分节选自（2014）朝民初字第28410号判决。

5. 法务分析

通过本案的判决可以看出，法院支持了江某的诉讼请求，撤销买卖合同并且由张某返还已经支付的房款及赔偿因此给江某造成的各项损失。这个结果通俗一点讲，就是退房。那么法院为什么支持撤销合同呢？这要从可撤销的合同讲起，依据上文所述内容，如一方以欺诈的手段使对方在违背真实意思的情况下订立的合同，受损害方有权请求法院撤销。可撤销合同制度体现了法律对公平交易的要求，同时又体现了意思自治原则。在本案中，因张某在了解江某购买房屋的实际目的时，隐瞒"凶宅"的相关信息致使江某错误地以为自己买到的是符合自己意思表示的房屋，因此构成欺诈。江某面对张某的欺诈行为，向人民法院请求行使撤销权，从而得到法院支持。

在上述凶宅诉讼中，一直反复强调的"欺诈"，是我们通常所说的欺骗吗？当然不是，依据《民通意见》"一方当事人故意告知对方虚假情况，或者故意隐瞒真实情况，诱使对方当事人作出错误意思表示的，可以认定为欺诈行为。"那么，欺诈行为成立后而产生的后果是受损害一方具备撤销权。那么撤销权是可以自行告知对方（无论书面或者口头的形式）撤销，即可以行使此权利的吗？当然不是，撤销权的行使必须通过向法院或者仲裁机构请求方可行使。

二、凶宅交易

既然上面案例中签署的凶宅合同最后被撤销，那么此类房屋是否就是不可以买卖的呢？现实中，我们也不必谈"凶宅"而色变，避之唯恐不及。我们还是可以通过合理的风险防控来进行交易的，下面我们建议大家考虑采取如下情况进行处理：

（1）交易前，详细询问出售人该房屋在其购买时或其持有期间曾发生过自杀、他杀、意外等非正常死亡事件，并且通过书面文件的形式确定上述内容。

例如，在签约前，我们可以准备出售人单方签署的承诺函或者约定在买卖合同的条款中，使其对关于凶宅的相关情况作出单方承诺或者确认，用以确保其是否对房屋的真实情况进行隐瞒，同时也是保存证据的方式。

（2）明确购房人在知晓该房屋为"凶宅"时的购买意向，以书面约定的形式确定。

正如我们上文讲到的，受损害方知晓房屋发生过此类情况时是明确表示拒绝的，因此其行使了撤销权。反之，如果购房人明确表示愿意购买此类房屋，则需要通过书面约定的形式确定其真实意思表示。

（3）交易时，作为居间方要尽到如实告知的义务。

三、思考题

小珍为结婚通过A中介购买孙老太的房屋，签合同时孙老太一人前来，并没有家人陪同。经纪机构询问时，孙老太表示已经丧偶，出售的房屋目前是出租状态，但是对于配偶死亡的情况不愿多说，尽管多次询问，孙老太都三缄其口称此为其隐私与交易房屋无关。小珍见老太太为难，也不再询问，双方继续协商其他交易事宜。后，双方签署了买卖合同并且约定提前交房。在小珍装修房屋期间得知，孙老太的丈夫在该房屋中跳楼自杀，小珍表示拒绝继续购买该房屋。

【问题】如果你是负责此单的经纪人，小珍是否可以拒绝继续购买此房屋，如何处理？

【答案】

（1）在本题中，与我们上文所讲的案例有异曲同工之处。但是，开篇我们告诉大家如果出现凶宅未告知的情况可能发生的法律后果有两种：一种是撤销合同；另一种是解除合同。通过上述案例可以明白撤销权的行使以及撤销的法律后果。那么这里我们引入小珍可以主张的另外一个权利即解除权。

（2）这是小珍在面对与江某同样的情形之下时，所具备的第二种主张权利的方式。

对于小珍来讲，之所以具备解除权，原因在于按照一般民众的传统观念"凶宅"作为房屋的重大瑕疵是与小珍在缔约时的真实意思明显不符，并且无法达成小珍的购买目的。

（3）在处理上述情形时，应该注意以下几点：

1）在签约时，需要具备一定"刨根问底"的精神，需要出售人将房屋相关的信息进行询问，因为出售人所谓的与房屋无关是其个人的主观判断，与房屋相关的状况都应在交易中进行说明，当然也不必究其为何而亡以及场面是否血腥等细节性问题。

2）通过上文中建议的方式操作，书面形式确定房屋发生过类似情形并询问购房人的意向，如其可坦然接受则需要双方签字进行确认此部分条款内容。例如：甲乙双方对交易房屋曾经发生过的（自杀、他杀、意外死亡等情形）均明确知晓，甲方已尽到全面告知义务，乙方同意购买此房屋，不再因此主张解除、撤销合同。

3）如果签约时不能做到上述两点，最后出现小珍这样的遭遇，则经纪人需要第一时间向出售人进行核实并且录音保存证据。待确定真实情况后，告知购房人真实情况后询问其是否继续购买，协商解决。如果协商达成一致，则需要及时签署相应的协议。反之，则告知购房人其可以向法院主张自己的权利，无论购房人选择撤销或者解除，经纪人都可能需要在庭审过程中作为证人出现说明情况，应向购房人积极表示可以全面配合其主张权益。

四、合同撤销和解除相关法律条文

《中华人民共和国合同法》

详见第五十四条、第五十六条、第五十八条、第九十四条和第九十七条。

（供稿：高革群）

专题 22　合同签署方法及标准

> **导读**
> 　　买卖双方终于决定要签署合同了！可是合同怎么签署？要注意哪些地方呢？有时一字之差，却离题万里，导致纠纷的产生。故一份完美的合同很重要。

一、房地产交易合同的一般性必备条款

本文主要讲解的内容之一是二手房买卖合同中的必备条款有哪些及如何填写。根据作业习惯及《中华人民共和国合同法》第十二条中所列举的合同内容分析如下：

（一）当事人条款

在房地产买卖合同中，首先要明确买卖双方的身份，是否有共有权人或共同购房人，是否有委托代理人或法定代理人。其中最重要的是要明确买卖双方的身份，要留下身份证信息、经常居住地地址及联系电话等。

（二）交易房屋的相关条款

房屋的基本情况（物业地址、楼层、建筑面积、规划设计用途）和权属情况（所有权证证号、有无共有权证证号、房屋占用的土地使用状况、房屋性质、房屋有无抵押，房屋是否出租）需要明确。比如交易房屋有抵押，则需明确何时办理完毕解抵押手续，优先购买权人是否已放弃优先购买权。其中最重要的是要明确房屋的所有权人。

（三）交易房屋价格的条款

在二手房买卖中涉及房屋的价款，包括定金、房屋成交价格、装饰装修价格、房屋总价格、交易该房所需缴纳的税费等，涉及字母、数字大小写时，要注意一定要保持一致。

（四）履行期限和方式的条款

履行期限：可以约定一个总的履行期限，也可以具体到每一流程的履行期限，《合同法》

规定，合同应该明确具体，所以履行期必须明确具体，例如，交房时间约定的内容为出售人于过户后将房屋交付给购房人。购房人认为是过户后立马就可以入住该房，出售人却因为没有找到合适的住房而延迟交房，并且表明，合同约定的时间为过户后，过户后3个月再交房也不算违约，故迟迟不交房。购房人出售人因此发生纠纷，起诉到法院。诉讼中，一方发现情况不利于自己时，就会对其所签署的买卖合同等相关交易文件进行"鸡蛋里挑骨头"，把矛头直指经纪机构。在合同签署不规范时，法官也会认为经纪机构的履行有瑕疵，从而判决经纪机构退部分或全部代理费，如果瑕疵严重，可能会判经纪机构承担其他的违约责任。得不偿失，所以签署合同时，一定要明确具体。

履行方式：房屋买卖合同的履行环节主要有支付房款、交付房屋及过户登记等，如果涉及贷款，还会有批贷环节。其中最首要的环节就是房款支付，这是纠纷高发阶段，房款的支付时间和方式都要明确具体。现行的支付方式主要有建委资金监管、三方或四方资金托管、自行支付等，这些支付方式各有利弊，有的地方或经纪机构要求必须做监管，这有助于保证购房人的资金安全，也能够保证出售人收到房款，但拿到房款的时间大多是过户后，如果遇到出售人及时用钱，这种情况可能没法接受。所以对首付款的支付方式一定要约定清楚，并和双方说明使用这种方式的利弊。

（五）违约责任的条款

如果法律中未规定惩罚条款，则这个法律几乎就没有约束力，无法树立其权威性。所以一个合同条款中，如果未设立违约责任，则这个合同对双方都没有约束力，如同虚设，故合同条款中对违约责任的设立和明确非常重要，这也是契约精神的体现，但是违约责任的约定不可太过离谱，因为违约责任的主要作用是弥补损失，所以约定过高，不一定能得到法官的支持。

（六）解决争议的条款

买卖双方发生纠纷后，有三种解决方式：协商、仲裁和诉讼。一般情况下会优先选择协商解决的办法，其次是选择仲裁，仲裁的优势是时间较短，但费用高。也可以走诉讼，但是诉讼费时费力，一审6个月，简易程序3个月，二审需要3个月。且某些地区的诉讼费用以房屋总价为计算标准收取，所以双方可能还会花费更多的钱。另外即使起诉到法院的，一般也会涉及调解。如诉讼双方的意见最终达不成一致，法院才会进行判决。

二、合同签署不规范导致合同不能继续履行

合同签署要明确，不能留有空白，不能约定不明，否则合同会因无法履行而被判决解除。

案例解析——合同签署不明确咋办？解约？赔偿？

1. 事实经过

张某是某房屋的出售人，李某和王某为夫妻，是此房屋的购房人。2013 年 6 月 12 日双方签署了《北京市存量房屋买卖合同》及补充协议。合同约定，购房人依照附件五约定的时间付款，甲方（出售人）同意乙方（购房人）以组合贷款的方式购买此房。2013 年 8 月 7 日，双方签署的网签合同约定具体的付款方式及期限见附件五。

2. 纠纷产生

双方一直未签署附件五，出售人和购房人对支付首付款的时间及方式产生争议，双方在《北京市存量房屋买卖合同》及网签合同中对首付款支付时间并无明确约定，且并未签订上述两合同中所称"附件五"进行补充约定，后协商未果，出售人一气之下将两购房人起诉到法院，要求解除合同，并赔偿违约金。两购房人在一审中也提起了反诉，要求赔偿违约金。

3. 法院审理

基于双方均同意解除《北京市存量房屋买卖合同》及补充协议，法院对此不持异议。双方未就首付款问题达成一致，且双方亦未开始办理资金监管手续，法院认定资金监管手续未办、首付款至今未支付并非由于某一方违约原因造成。

4. 判决结果

判决合同解除，张某应将李某、王某支付的购房定金予以返还，驳回双方的其他诉求。二审法院判决结果是：驳回上诉，维持原判。

5. 法务分析

签署合同时，履行期限一定要写明确具体，如果条款中仅约定见补充协议等内容的，则要确保相关的补充协议一定对其有具体约定，否则会因为约定不明，买卖双方产生纠纷而使合同无法履行下去。本案中虽未涉及经纪机构的责任，但留给购房人和出售人印象不会太好，且在现实中，购房人往往会再次向经纪机构追讨居间代理费用，更有甚者，经纪机构被判决承担连带或违约责任，经纪人的辛苦付出却因签署的合同有瑕疵而没有得到任何的收获。

本案例部分节选自徐民四（民）初字第 4232 号判决。

一审法院判决理由：本案中，买卖双方就首付款支付时间无明确的约定，关于支付时间，故张某依据《房屋交付保障服务合同》中相对明确的条款主张首付款应于公积金贷款初审前支付并无不妥，由于《房屋交付保障服务合同》中明确约定"如遇资金监管的行政区划，房款划入资金监管账户"、本案涉诉房屋处于需要做资金监管的区域，且双方于网签合同中明确约定除贷款金额外的自有交易结算金额 ×× 元通过 ×× 区房地产交易权属发证中心存量房自有交易资金监管账户划转自有资金，故首付款应当通过资金监管方式支付。关于张某是否构成违约，本案中李某、王某主张张某拒不配合其办理评估手续构成违约，经查，评估手续系办理初审后所进行的手续，买卖双方现已在相关机构办理了贷款初审手续，李某、王某在此期间并未支付其他购房款，张某在仅收取定金的情况下对后续交易产生合理怀疑，提出希望明确其余房款的支付时间和方式，并依据《房屋交付保障服务合同》主张李某、王某应于贷款初审前支付首付款，合法有据。因此，张某在沟通未果的情况下，以未收到首付款为由拒绝配合后续的贷款评估手续，其行为并未构成违约。故对李某、王某以被告拒不配合办理评估构成违约为由要求张某支付违约金并赔偿居间费、服务费、评估费的诉讼请求，法院不予支持。

买卖双方和某投资公司签订的《房屋交易保障服务合同》明确约定了首付款的支付时间应当为银行办理面签或与公积金办理初审手续前，2013 年 8 月 7 日，张某与李某、王某签订的网签合同约定除了贷款和定金外，其余的房款做资金监管。上述两份合同已经明确了房屋首付款的数额与支付时间，现公积金贷款初审手续已经办理完毕，李某、王某并未支付首付款，故张某有权要求李某、王某支付首付款，在李某、王某未支付首付款的情况下，张某不予配合评估不能构成违约。在合同履行的过程中，双方对首付款的支付发生争议后，A 中介未组织双方办理资金监管手续，双方亦未主动提出办理资金监管手续。张某认为买卖合同对于首付款的约定不明，李某、王某认为应当在批贷后办理资金监管手续支付首付款，双方未就首付款问题达成一致，且双方亦未开始办理资金监管手续，法院认定资金监管手续未办、首付款至今未支付并非由于某一方违约原因造成。

三、签署房地产交易合同的注意事项

（一）签署房地产交易合同时的注意事项

1. 关于人的注意事项

如果当事人为无民事行为能力、限制民事行为能力人，则需由法定代理人或指定代理人代为签署并履行合同。当事人为中国大陆的自然人，其基本信息以身份证为标准，当事人为外籍或港澳台人士的，则其基本信息以护照为标准，为便于发送文件或及时通知，住所优先写经常居所地。签约双方必须是完全民事行为能力人，一方为未成年的，则需其法定代理人出面，如果有代理人的，无论是手写授权委托书，还是公证授权委托，都需核实授权委托书的真实性。如果买卖一方或双方是公司，则以营业执照的信息为准。限购地区，需要购房人具有购房资质，如果没有购房资质，即使合同有效，也没法履行，只能解除。所以签署合同前要核实一下，购房人是否有购房资质。

2. 关于房的注意事项

保证房屋能够上市、交易、流转。如买卖央产房时，需要房屋符合上市条件，并且出售人需提供《在京中央单位已购公房变更通知单》，如果出售人未能提供，则合同也无法继续履行。继承房屋的单子，因为涉及人数较多，也是矛盾的多发点，所以签署时一定要格外谨慎，一定要做继承公证，如果来不及做，则必须要求所有的继承人都到场签署合同，具体请详见继承人专题。禁止上市、禁止流转的房屋是不能操作的，比如法院查封的房子、部级以上干部的房子、违章建筑等。

3. 关于合同条款的注意事项

（1）合同条款齐全

签署合同的目的是为了促成房屋买卖的成交，如果合同条款有缺漏，必然会有一部分房屋买卖的手续约定不全，如果后续买卖双方未另行达成一致意见，则无法履行的可能性很高。而合同条款齐全，则不会出现这种情况，更有利于合同的履行。

（2）合同条款明确

合同中涉及的数字和期限要明确，商品房买卖中所涉及的数字不单单是房款，还有定金、贷款、物业交割保证金、户口迁出保证金等，这些数字一定要写正确，最好都有大小写，防止数字被篡改。合同履行的期限也很重要，如果不明确，则合同履行遥遥无期，违约方得不到惩罚，守约方的权益又无从得到保障。

（二）规范的经纪机构的签约标准

1. 形式上的标准

合同要填写完整，如果条款中是几个选项中仅需选择一项或多项，则选择和未选择的部分要用不同的标记标识出来，不能留空白。买卖双方的信息要填写完整，以备在合同履行过程中，经纪机构能够履行自己的通知、催促的义务。三份合同应当填写一致。房屋是否为夫妻共有，如有，则需提供《配偶同意出售声明》。是否由代理人签署合同，如有，代理人还需提供《授权委托书》。

2. 条款上的标准

房屋买卖合同中涉及的主要条款为：

（1）房屋的抵押状况：真实填写房屋的抵押状况，正确填写抵押权人，如果抵押权人为个人，需写上其名字，最好加上身份证号码；抵押权人为公司，需写公司的全称。有几个抵押权人就要写几个。另外抵押日期和解抵押完毕的日期也非常重要，应当填写清楚。

（2）贷款的约定：如果涉及贷款，则需明确贷款的方式、贷款的数额、贷款出现问题时的解决方式。

（3）房屋的交付时间，可以写一个具体的日期，或者一个具体的条件，比如双方约定办理完毕该房屋所有权转移登记手续后，于当日将该房交付给购房人。但是如果写的办理完毕该房屋所有权转移登记手续后，将该房交付给购房人，则出售人过了一年才交付，从合同来看，其并未违约，但客户着急入住，从而没法保证客户的权益。所以一定要限定时间，可以写办理完毕该房屋所有权转移登记手续后10日内交房。

（4）户口迁出的约定：户口越来越重要，特别是为了孩子上学买的学区房，户口是重中之重。户口还有可能会涉及拆迁款的分割及再次卖房等情况，所以户口的迁出时间及违约责任也很重要，要明确具体的约定。

(5) 居间代理费：作为合格的经纪人，首先要保护好自己的利益，才能更好地去维护买卖双方的权益。居间代理费涉及经纪人的自身利益，所以要正确填写数额及支付时间。

(6) 交易具体事宜的约定：比如首付款支付时间、过户时间等都需要明确具体，交易所涉及的流程和时效要保证没有错误。

(7) 合同签署用语要规范，如果有改动的地方，则买卖双方一定要在上面签字，以表明双方对改动后的条款认可，有利于顺利履行下一步的流程。经纪机构要如实告知双方订立合同有关的重要事实，不得虚夸、编造和隐瞒。否则将会被判决退还全部代理费，甚至赔偿损失。

四、思考题

张三（甲方）和李四（乙方）在 A 中介的促成下签署了《房屋买卖合同》及补充协议，在主合同中，关于交房的时间，约定的是见补充协议。补充协议中一条款为：甲乙双方应当在过户后一个工作日内自行办理物业交割手续，丙方（即经纪机构）陪同。甲乙双方一致同意，乙方从本协议约定的购房款中留存人民币壹万元整作为物业交割保证金，于办理物业交割当日，乙方自行支付给甲方。

【问题】交房时间具体是什么时候？

【答案】现实中，物业交割通常在交房的同时进行，所以会令人产生一种误解：交房就是物业交割。但在法律上，它们是两个完全不同的概念，交房在法律中没有特殊约定，一般是指房屋的实际交付，以提供钥匙为交房的核心标准。物业交割的目的是结清水电、煤气等相关费用，避免以后因费用产生纠纷。所以本合同中，交房时间约定不明，应该在补充协议中约定交房的具体时间或者条件。

五、相关法律条文

（一）《中华人民共和国民法通则》

详见第八十五条。

（二）《中华人民共和国合同法》

详见第八条、第九条、第十二条、第四十七条、第四十八条、第五十一条、第五十二条、第五十八条、第七十七条、第七十八条和第四百二十五条。

（供稿：卢艳华）

四、房屋交易履约阶段

专题 23　合同履约

> **导读**
>
> 出售人甲与购房人乙通过 A 中介签订了房屋买卖合同,合同履行过程中,甲表示因自己资金紧张,不能办理解押手续,要求解除房屋买卖合同,此时,作为经纪机构的经纪人应该做什么?购房人乙应采取哪些措施保障自己的权益?

一、履约行为的法律基本概念

履约行为即合同的履行,完全履行合同约定是当事人订立合同的最终目的,任何合同的成立都是为了实现合同的约定。因此,履约行为对买卖双方而言是至关重要的。

(一)履约行为的法律内涵

履约行为,又称为合同的履行,是指对合同约定义务的履行。任何对合同约定义务的执行,都是合同的履行行为;相反,任何不执行合同约定义务的行为,都是合同的不履行。

履约行为,从其目的和本质来看,应是指合同的全部履行。只有双方当事人按照合同的约定或法律的规定,全面、正确地完成各自承担的义务,才是完全履行。只完成合同的部分义务,就是不完全履行;任何一方或双方均未履行合同约定的义务,则属于完全不履行。不论是不完全履行,还是完全不履行,都不符合履约行为的目的,当事人均应承担相应的责任。

(二)不能如约履行合同的法律风险或后果

合同不能如约履行的原因多种多样,相应的风险及后果也各有不同,下面结合具体的情况及案例进行简单分析。

1. 合同不能如约履行,违约方需承担相应的违约责任

购房人与出售人在签订房屋买卖合同时,一般会针对违约行为明确约定违约责任。即使合同中未约定,也可以根据法律规定主张违约责任。例如,《合同法》第一百零七条规定:"当事人一方不履行合同义务或者履行合同义务不符合约定的,应当承担继续履行、采取补救措施或者赔偿损失等违约责任"。从法律的规定可以看出,违约责任的形式包括:

继续履行、采取补救措施、赔偿损失。

例如，出售人和购房人签订房屋买卖合同，约定出售人收到全部购房款后5个工作日内办理过户手续，但出售人收到全部购房款后，认为房屋价格上涨，要求购房人再增加一部分购房款，否则不予配合过户。此时，出售人属于违约，法院可能会在判决继续履行（强制过户）的同时，判决出售人承担赔偿损失的责任，此时出售人真是"财房两空"。

2. 违约方不能如约履行合同，很可能导致合同被认定为无效、可撤销或被解除

例1. 出售人A称是离婚状态，房本在A一人名下，声称离婚协议中约定房子为其个人单独所有，但离婚协议在老家现无法提供，但保证房子是其个人单独财产，遂与购房人B签订房屋买卖合同。但事后A的配偶C主张，房子为A与C共同所有，两人只是在协商离婚，就财产分割还未达成一致，C表示不同意出售该房屋。此时，A与B签订的房屋买卖合同就很可能被认定为无效合同。

根据我国《物权法》和《最高人民法院关于贯彻执行民法通则若干问题的意见》的规定，处分共同共有的财产，须经全体共有权人同意，部分共有人擅自处分共同共有的财产，又无法证明其他共有权人明知，则房屋买卖合同就可能被认定为无效。上例中若经查实，交易房屋确实属于A与C共同共有，A处分房产未经C同意，此时，又无法证明C知道A处分交易房屋的事实，则A与B签订的合同就很可能被认定为无效。

例2. 出售人甲与购房人乙签订房屋买卖合同，交易房屋有抵押，约定甲方应于2015年10月24日办理完毕解押手续，同时约定，若甲方超过15日仍没有办理完毕解押手续，则甲方构成根本违约，乙方有权单方解除合同。合同签订当天，乙方支付甲方大额定金100万元，用于甲方解押，其余资金由甲方自行筹集。但抵押金额为260万元整，由于甲方没有其他资金来源，在2015年10月24日未能如期解押，经过15日后，甲方仍然没能筹集到资金，未能顺利解押。此时，甲方已经构成根本违约，乙方主张解除房屋买卖合同，并主张甲方返还已经支付的定金100万元整，但此时甲方已将100万元花费完毕，并且没有其他财产可以归还乙方，乙方的财产损失未得到合理保护。

根据我国《合同法》第九十三条和九十四条的规定，合同当事人享有法定解除权，同时可以约定合同一方当事人可以解除合同的情形。上例中，出售人甲与购房人乙在合同中约定了乙方可以单方解除合同的情形，后甲方的行为确实符合乙方行使单方解除权的条件，因此，乙方可以行使单方解除合同的权利。此时，对于乙方而言，若已经办理网签手续，且甲方不配合办理注销网签的手续，则可能会影响乙方购房资质（即使乙方有购买两套房的资格，也可能对贷款产生影响），同时，乙方已经支付给甲方的大额定金也存在不能及时退还的风险。

例3. 桑某与刘某、王某就位于杭州某区的房屋通过A中介居间介绍签订房屋买卖合同，成交价格为110万元整，并已完成过户手续。一年后，因租客反映此房内曾发生过凶杀案件，要求退租，桑某才获知此房屋乃"凶宅"，后致电刘某、王某要求退房，至此发生纠纷。经过法院审理，刘某、王某承认该房屋内确实发生过凶杀案，而且，此信息对房屋价值有重大影响，刘某、王某在订立合同时，并未向桑某披露此重大信息，属于对桑某刻意隐瞒，构成欺诈。因此，法院判决撤销房屋买卖合同，由被告返还原告购房款并承担赔偿责任。

我国《合同法》第五十四条规定了可撤销合同的情形，上述"凶宅"的案例即属于一方以欺诈的手段，使对方在违背真实意思的情况下订立的合同，最终合同被法院撤销。

3. 合同不能按时履行，有可能导致连环单中的出售人或购房人在另一房屋买卖合同中构成违约，因合同具有相对性，守约方在另一房屋买卖合同中违约所遭受的损失，也无法向违约方主张。

例如，王某想购买一套面积较大的房屋A，但由于限购政策的限制，必须出售其名下另一套房屋B，于是就B房屋与李某签订房屋买卖合同（以下称合同1），同时就A房屋与张某签订房屋买卖合同（以下称合同2）。但由于李某京购房资质审核未通过，导致王某不能及时将B房屋出卖，而A房屋的过户期限也已经到期。此时，由于李某不能如约履行合同，导致王某在与张某的合同履行中构成违约。

因为合同1与合同2属于两个独立的合同，合同具有相对性，王某在合同2的履行过程中遭受的损失，对于合同1而言，不属于因合同履行遭受的直接损失，而是间接损失，因此，王某不能向李某主张，那么王某在合同2的履行中遭受的损失则无法得到救济。

案例解析——出售人未及时提供公证授权委托书致房屋买卖合同被解除

1. 事情经过

出售人A与购房人B于2013年9月15日通过A中介签订《北京市存量房屋买卖合同》及补充协议，签订合同当天，购房人B向出售人A支付定金6万元，并约定除贷款之外的购房款194万元支付的时间为网签次日，网签时间约定为2013年10月21日。

同时合同约定，出售人擅自提高房屋价格，属于根本违约，购房人享有单方解除合同的权利；购房人在约定的期限内未支付首付款，超过约定期限15日的，购房人属于根本违约，出售人享有单方解除权。

2. 纠纷产生

2013年10月21日网签手续未按时办理完毕，且出售人要求提高价款，故购房人B向法院起诉，要求判决解除房屋买卖合同，并要求出售人A承担违约责任。

3. 法院审理

出售人A答辩称：网签手续应由经纪机构办理，并非出售人的义务。同时指出，是购房人B拒绝购买房屋在先，并指出2013年10月23日经纪人向出售人A发送短信，称希望将首付延期，出售人A同意。2013年11月5日，经纪人说钱已经到账，可以办理网签，并称当天办理完毕。后经纪人又告知，网签并未办理完毕。因此，出售人A指出，是购房人B没有按时支付首付款，出售人A享有法定解除权。

法院审理认为：经纪人签约时已告知出售人，办理网签需提供相应的委托手续，此后直至2013年11月5日出售人方才提供公证的授权委托书，又未及时提供银行账号，导致资金监管无法办理，进而导致网签无法完成。出售人在未完成网签的情况下主张购房人支付款项，并认为购房人方形成延迟支付购房款，从而主张提高房屋价款，应视为擅自提高房屋交易价格。当事人可以约定一方解除合同的条件，此条件成就时，购房人有权解除合同，补充协议应一并予以解除，出售人方应依约给付购房人违约金。

（三）判决结果

根据《合同法》第60条、第93条、第97条、第114条，法院作出如下判决：①确认买卖双方于2013年9月15日签订的《北京市存量房屋买卖合同》及补充协议于判决生效之日起解除；②出售人于判决生效后十日内给付购房人违约金6万元；③出售人于判决生效后十日内赔偿购房人损失（居间费）2万元；④出售人于判决生效后十日内返还购房人定金6万元；⑤驳回购房人其他诉讼请求。

（四）法务分析

（1）购房人B未将首付款支付给出售人A，为什么购房人B不构成违约，而出售人A构成违约？

出售人A主张，2013年11月5日经纪人说网签已办理完毕，但至今未收到购房款，因此，主张购房人B违约，并要求提高房屋总价款。实际上网签未如约办理，原因是出售人直至2013年11月5日才提供公证的授权委托书。即网签未完成是出售人的原因造成的。合同约定的支付购房款时间为办理网签手续的次日，此时，网签没有办理完毕，则购房人打款的时间也还未到期，购房人未支付购房款就不属于违约。相反，出售人以购房人未支付购房款构成违约为由，要求提高房屋价款，属于变相提高房屋交易价格，出售人的行为构成违约。

所以，出售人A为违约方，购房人B不构成违约。

（2）为什么购房人B可以解除合同？

上面已经提到，合同解除权包括约定解除权和法定解除权。法院的判决结果是"确认买卖双方于2013年9月15日签订的《北京市存量房屋买卖合同》及补充协议于判决生效之日起解除"。根据合同的约定，出售人A擅自提高房屋交易价格，构成根本违约，购房人B根据房屋买卖合同，享有约定解除权，因此可以解除此房屋买卖合同。

二、房屋交易履约过程的注意事项

1. 熟悉房屋交易知识，避免违约行为发生

不论是作为房屋买卖的双方，还是经纪人，都要对房屋交易相关知识有深入的了解，并仔细审查双方提交的材料，确保履约行为能够完全履行，避免违约行为的发生。例如，在签订合同前，认真审查出售人提供的原始购房合同，确保原始购房合同的完整性；对出

售人夫妻共同所有的房屋，需经夫妻双方都同意出售，并落实到书面文件；正确理解限购限贷政策，确认购房人确实具有购房资质。

2. 严格把控履约过程，降低履约风险

第一，避免支付大额定金，以规避出售人不能如约履行合同时，定金无法追回的风险。例如，出售人与购房人签订房屋买卖合同后，需要购房人支付100万元定金用于还款解押，但出售人拿到定金后挥霍一空，不仅大额抵押没有解除，出售人也人间蒸发，可能面临钱房两失的局面。第二，尽可能了解清楚出售人、购房人和房屋的相关信息，避免一方刻意隐瞒，导致合同无法如约履行。例如，签署合同时，出售人保证房屋内没有户口，于是对户口是否迁出没有进行约定，但当购房人准备将自己户口迁入此房屋内时，却被告知此房屋内还有户口，购房人的户口无法迁入。此时，若出售人拒不将户口迁出，则购房人的诉求无法得到保护。因此，在签买卖合同之前，最好陪同出售人去房屋所在地的户籍科对户口情况进行核实。第三，在对合同的履行期限和方式进行约定时，不仅要跟购房人出售人沟通，也要及时了解市场行情及各相关机构的工作流程及时有效，避免因约定不合理导致合同履行出现问题。

3. 出现违约及时通知守约方和经纪机构，协商解决方法

当违约行为发生时，违约方应及时联系守约方和经纪人，详细告知事情经过、己方无法履行合同的原因及希望采取的措施，并积极与守约方和经纪人协商解决的方法，防止损失进一步扩大。经纪人可以积极协助双方协商解决，留存好或及时告知守约方保留好原始证据（电话录音、聊天记录等），以备协商无果通过诉讼途径解决时向法院提供。

例如，购房人乙通过A中介贷款购买出售人甲的房屋，但因为甲的征信问题，银行拒贷。此时购房人乙及时与A中介取得联系，并将情况如实告知A中介和出售人甲，通过三方的协商，出售人甲同意购房人乙自行筹集购房款，并顺利完成过户。正是因为违约方及时与守约方和经纪机构取得联系，及时协商解决办法，才避免了损失的进一步扩大，顺利履行房屋买卖合同。

4. 协商不成，根据合同约定或法律规定追究违约责任

当协商无法解决时，则需要根据合同约定或法律规定追究违约方的违约责任。首先，看合同的约定，若违约方同意根据合同的约定承担违约责任，则在违约方赔偿后，签订解约协议，和平解约。若违约方认为合同约定的违约责任过重，或认为自己的行为不属于违约行为，无须承担违约责任，则可建议守约方向法院起诉。

三、思考题

出售人卢某与购房人赵某通过A中介居间介绍签订房屋买卖合同，约定房屋成交价格为243万元，签约当天赵某支付卢某定金3万元，国管公积金贷款92万元，同时约定若贷款

不能足额批准或不能批贷，选择继续申请其他贷款机构贷款；首付款148万元由赵某于评估报告出具后10个工作日内支付给卢某；对房屋评估约定的时间为卢某接到A中介的评估通知后5日内配合评估公司对房屋进行评估；申请购房贷款的时间约定为接到A中介通知后5个工作日内办理；过户的时间约定为银行出具批贷函后5个工作日内；交房时间约定为过户当日。

后A中介通知卢某配合办理面签手续（即申请购房贷款手续），卢某以赵某迟迟不办理房屋评估，未收到首付款为由，主张赵某已构成根本违约，拒绝办理面签手续，并向赵某发送了解除合同的通知。赵某主张首付款的支付时间为评估报告出具后10个工作日内，现还未做房屋评估，自然首付款的支付时间也还未到。并且，因为卢某不配合办理面签手续，赵某主张全款向卢某支付购房款，要求卢某继续履行合同。

【问题】

（1）购房人赵某和出售人卢某是否构成违约？

（2）购房人赵某未支付首付款是否可以阻止出售人卢某配合办理面签手续？

（3）购房人赵某主张全款支付购房款，法院是否可支持判决购房人赵某继续履行合同的主张并强制过户？

【答案】

（1）出售人卢某构成违约，购房人赵某不构成违约。

购房人赵某支付首付款的时间为评估报告出具后10个工作日内，但对于国管公积金贷款而言，一般的流程为先办理面签才能对房屋进行评估，现出售人卢某不配合办理面签手续，因此房屋评估没有办法进行，购房人赵某支付首付款的时间也就一直未到期，所以购房人赵某不构成违约。

而出售人卢某在A中介通知其配合办理面签后不予配合，违反了合同的约定"接到A中介通知后5个工作日内"，因此，出售人卢某构成违约。

（2）购房人赵某未支付首付款的不能阻止出售人卢某配合办理面签手续。

上题已经说明购房人赵某未支付首付款并不属于违约，同时，办理面签也不是以支付首付款作为约定的条件。因此，出售人卢某不能以此为借口不配合办理面签。即使购房人赵某未支付首付款确实属于违约，但支付首付款和办理面签是两个单独的条件，在出售人卢某不能购房人赵某不具有支付能力的情况下，仍然要配合办理面签手续。

（3）购房人赵某在出售人不配合面签的情况下，提出全款支付购房款，此主张能够证明赵某具有继续履行合同的经济能力，并且不损害当事人的利益，有利于实现合同目的，因此，合同具备继续履行的条件，法院很可能判决支持购房人赵某继续履行合同的主张并强制过户。

四、合同履行相关法律条文

（一）《中华人民共和国物权法》

详见第九十七条、第一百零六条、第一百九十一条和第二百四十五条。

(二)《最高人民法院关于贯彻执行民法通则若干问题的意见》

详见第八十九条。

(三)《中华人民共和国合同法》

详见第五十四条、第六十条、第六十一条、第六十二条、第六十三条、第六十四条、第六十五条、第六十六条、第六十七条、第六十八条、第六十九条、第七十条、第七十一条、第七十二条、第七十三条、第七十四条、第七十五条、第七十六条、第九十三条和第九十四条。

（供稿：付博娟）

专题 24　违约责任

> **导读**
> 　　我买了一个房子,跟出售人签完合同,随后给了出售人 5 万定金。后来房价一直上涨,出售人忽然告诉我不卖了,并且只同意退还我的定金。我该怎么办？我还能不能买这个房子？

一、违约责任的法律概念及分类

（一）违约责任

按照我国《民法》和《合同法》规定,当事人一方不履行合同义务或者履行合同义务不符合约定条件的,另一方有权要求履行或者采取补救措施,并有权要求赔偿损失。

1. 违约行为

要理解什么是违约责任,我们先要解释清楚一个概念——什么是违约行为。按照前述法律规定来说,如果在合同履行的过程中,一方拒不履行已经约定好的义务,或者履行不符合要求的,即是发生了违约行为,成为违约方。违约行为一般来说分为四种情形。

（1）不能履行

不能履行,法律概念上又叫"履行不能",是指合同一方根本丧失了履行合同的能力,或者合同因为发生了法定情形而被禁止履行了。这种情况下,双方已经签署完毕的合同是根本不能再继续履行的。

例如,合同签署完毕后,购房人因生意失败赔光了钱,根本没有办法再支付房款,那就属于购房人发生了不能履行合同的违约行为。或者合同签署完毕后,因出售人个人债务原因导致交易房屋被法院查封,无法办理过户手续,就属于出售人发生了不能履行合同的违约行为。

（2）迟延履行

迟延履行,又称逾期履行,即合同一方具备履行合同的能力,但是到了合同约定的日期因为种种原因未能履行,晚了一段时间的情况。一般来说,合同中对于此种违约情形会约定按日承担违约金,直到履行之日止。

例如,合同签署完毕后,到了约定的过户日期,出售人因有紧急工作不愿请假,导致晚了三天过户,就属于出售人发生了迟延履行合同的违约行为。

(3) 不完全履行

不完全履行，是指合同一方虽然按照合同约定的日期，履行了合同约定的义务，但履行的质量、数量等却不符合合同约定。

(4) 拒绝履行

拒绝履行，是指合同一方具备履行合同的能力，但是却明确拒绝履行合同约定的义务。一般来说，此种违约情形主观恶意最大，危害也最大。

例如，合同签署完毕后，出售人因为觉得房价卖低了，而坚持不再继续履行合同，或直接将该房屋转售给其他人等行为，就属于出售人发生了拒绝履行合同的违约行为。

2. 违约责任

合同一方发生了违约行为之后，就成为了违约方；而其作为违约方需要向守约方承担采取补偿措施、赔偿损失等责任，即其对于自己的违约行为所必须付出的代价，就称为"违约责任"。

（二）违约方的违约责任

按照我国《民法通则》和《合同法》的相关规定，违约方承担违约责任的方式主要包括以下几种：

1. 继续履行

根据法律规定，合同一方不履行合同约定的义务，或者履行不符合约定的，守约方可以要求其按照合同约定来履行。但要注意，采取此种方式的前提是合同仍然具备履行条件，并且能够强制履行。

例如上文所述，如果合同签署完毕后，出售人因为自我感觉房价卖低了而坚持不再继续履行合同的，购房人可以要求其继续履行、出售房屋。但如果房屋交易不能继续进行的原因是交易房屋已被人民法院依法查封，那购房人是没有办法要求继续履行、办理过户手续的，只能要求出售人以其他方式承担违约责任。

2. 采取补救措施

如果合同一方发生违约行为的，守约方除了可以要求其继续履行外，还可以要求违约方采取补救措施，如修理、更换、重作、退货、减少价款或者报酬等，以弥补己方所受的损失。

例如，如果出售人交付的房屋是正在漏水的，那么购房人可以要求出售人进行修理以符合正常居住的质量要求；购房人亦可自行在合理的价格范围内选择维修商进行维修，并要求出售人承担修缮所必要的费用。

3. 赔偿损失

根据法律规定，如果违约方发生违约行为、给守约方造成损失的，守约方有权要求其进行赔偿。同时需要注意的是，赔偿损失跟我们前面所说的继续履行、采取补救措施都是不冲突的；也就是说，守约方可以既要求违约方继续履行，又要求其赔偿自己所受到的实际损失。

举例来说，如果出售人到了应当交付房屋的时候拒不交付，导致购房人需要继续在外租房居住并为此支付租金的，那么购房人除了可以要求出售人尽快交付房屋外，还可以要求出售人承担实际发生的租金损失。

4. 定金罚则

对于约定了定金责任的合同来说，如果合同一方发生违约行为的，守约方可以要求其按照定金罚则来承担违约责任。

5. 支付违约金

双方在签署合同时，即可以约定一方违约时，应当根据违约情况向对方支付一定数额的违约金。如此，当违约方发生违约行为时，就应当按照合同约定的标准来向守约方支付违约金。

6. 关于违约责任的注意事项

（1）违约金约定不要过高或过低。

不要为了担心对方发生违约行为，就要求在合同中约定过高甚至离谱的违约金（比如有些合同中会约定，如果迟延过户，要按日支付总房价款一倍的违约金），在实际履行的过程中并没有意义。因为法律明确规定，违约金的根本目的是弥补守约方所受的损失，所以并不能漫天要价。如果约定的违约金低于造成的损失，当事人可以请求人民法院或者仲裁机构予以增加；约定的违约金过分高于造成的损失，当事人可以请求人民法院或者仲裁机构予以适当减少。

（2）支付违约金，与继续履行合同并无冲突。

合同法中明确规定，如果当事人就迟延履行约定违约金的，违约方支付违约金后，还应当履行合同约定的义务。因此，如果合同一方发生违约行为，且合同能够继续履行、条款中约定了违约金的，那么守约方除了可以要求对方支付违约金外，还可以要求合同继续履行。

（3）定金罚则和支付违约金，守约方只能选择其中一种方式要求违约方承担。

（4）对于承担违约责任的方式，应当由守约方决定。

当违约方发生违约行为时，以何种方式承担违约责任，在符合法律规定和具备实际履行可能性的基础上，由守约方来进行选择，而并非由违约方来决定。

案例解析——违约后是否认赔定金就可以？

1. 事情经过

2011年，家住某小区六楼的王大妈（化名）因为老伴年老多病、腿脚不便，打算在女儿家的小区买套一楼的房子住，并最终决定购买丽丽（化名）家的两居室。丽丽刚刚怀孕，卖房子就是为了换个三居室，跟父母一起住好照顾孩子。双方最终通过A中介以175万的成交价签订了合同。王大妈当天向丽丽支付了1万元的定金。

2. 纠纷产生

签完约之后，王大妈十分关注当地房地产市场的变化。2011年的时候，二手房成交量不高，市场价格略有下降。家里人意见就发生了分歧，有些认为签完约了就应当继续履行，有些则认为现在买就等于赔钱，应该等房价跌到底再买。最终，后者的意见占了上风。

于是王大妈向丽丽提出解约，并要求丽丽把1万元定金退回来。丽丽则认为签订合同之后，双方都应该具备契约精神，好好履行合同，坚决不同意解约。王大妈跟儿女一商量，大不了1万定金不要了。于是跟丽丽直接摊牌："我就不买了，你爱咋咋的！"丽丽非常生气，一纸诉状把王大妈告到了法院，以王大妈违约为由，要求解除合同，并依照合同约定，按房屋总价款的百分之二十赔偿违约金。

3. 法院审理

王大妈答辩称，丽丽收取了她支付的定金1万元，她也不打算要回，用来弥补丽丽所受的损失。定金罚则和违约金罚则不能同时适用，她不应该再支付违约金。丽丽对此表示强烈反对，认为其作为守约方，有权选择王大妈承担违约责任的方式，不能听凭王大妈决定。

法院审理认为，双方签订的合同合法有效，王大妈因为房价下跌就违约，应当承担违约责任，丽丽作为守约方有权选择要求王大妈支付违约金。鉴于王大妈的违约行为打乱了丽丽的购房计划，对其家庭生活造成了严重影响；且在法院开庭审理时，房屋价格确有下降，王大妈拒绝购买，丽丽只能以低一些的价格另售给他人，其中的售房差价也要认定为丽丽所受损失中的一部分。

另外，在庭审过程中，审判长数次询问被告王大妈一方，是否认为违约金标准约定过高并请求人民法院予以调整，被告方均明确表示：我们不应该承担违约金，也不认为标准过高，故不请求法院予以调整。

4. 判决结果

最终，一审法院经过六个月的审理，根据《中华人民共和国合同法》第一百零七条、第一百零八条、第一百一十四条及庭审中被告方明确表示不要求调整违约金数额的意见，判决合同解约，王大妈作为违约方，需要赔偿丽丽违约金35万元。一家人追悔莫及，也已无力回天。只好在二审过程中恳求丽丽理解，降低违约金的数额。在二审法官的调解下，最终丽丽同意，把违约金降低到10万元。

5. 法务分析

看了本案的判决结果，很多人表示不能理解，王大妈已经同意不要定金1万元了，法官凭什么要判决违约金？为了解释这个判决的产生，首先回顾我国《合同法》中规定的违约责任和承担违约责任的方式。

合同一方违约时，应当承担违约责任，而承担违约责任的方式包括：继续履行、采取补救措施、赔偿损失、定金责任或违约责任等。同时，违约方以什么样的方式承担违约责任，是要尊重守约方的选择并依据案件事实来进行判断，违约方是不能自由决定的。

我们举个例子，如果出售人因房屋涨价而违约不卖了，而购房人有能力支付房款、且要求继续履行合同的情况下，即便出售人愿意支付违约金，法院也是要判决合同继续履行的；如果出售人拒不配合，法院可以强制执行将房屋过户给买方，而根本不用出售人到场。同样的，如果购房人违约不买了，而合同中既约定了定金条款，也约定了违约金条款的情况下，虽然两个罚则不能同时适用，但出售人作为守约方，是有权选择要求定金不退，还是赔偿违约金的。

另外，如果认为约定的违约金过分高于造成的损失的，当事人可以请求人民法院或者仲裁机构根据实际损失的相关情况，予以适当减少。但如果当事人自己明确表示，不认为违约金过高，也不请求人民法院予以调整，人民法院也要尊重当事人的意见，不能越权调整。

因此本案中，主审法官正是正确地适用了法律，尊重守约方的意愿而做出了判决。

二、违约行为的处理

虽然说，我们建议大家按照合同的约定，诚实守信地履行合同。但现实情况千变万化，万一不幸遇到了可能违约的情况，根据实践经验，建议考虑采取如下方式处理：

1. 咨询专业人士，正确判断违约成本

合同是用来约束交易双方的行为的，无论是违约不卖，还是违约不买，都要承担相应的违约责任。笔者建议，如确实无力继续履行合同者，应当仔细阅读合同条款，必要时可向专业人士求助，以正确的判断自己可能承担的责任，方能做出合适的抉择。千万不要自己一拍脑袋，想当然的做个决定，后悔莫及。

2. 与经纪机构及合同相对方积极沟通，寻找解决方案

如果确实因为种种原因，面临违约可能性的，笔者建议，应当积极、主动地将实际情况告知经纪机构，并请求经纪机构协助提供解决方案。经纪机构多年从事房地产交易居间事务，其交易经验丰富。另外，现在业内规模较大、口碑较好的经纪机构，在房屋交易的各个环节，甚至是款项筹集等方面，一般都有固定的、优秀的合作伙伴。

3. 积极协商，根据双方情况，确定违约责任

如果确实没有办法避免违约行为的发生的，应当积极地请经纪人协助，与守约方进行协商。经纪人作为居间方，十分了解双方的交易目的和实际情况，也往往能够提供一些方案减少双方的损失。即使没有解决方案，也可以在友好协商的基础上，确定承担违约责任的方式甚至是违约金的数额，既有可能减少损失，也避免了诉讼成本的无谓支出。

三、思考题

小王通过 A 中介的居间介绍，决定购买小李的房屋。双方签署了房屋买卖合同，并约定在 2015 年 5 月 10 日办理过户手续。但 4 月初的时候，小王突然接到公司的通知，要安排其到国外出差，并且直到 5 月 20 日才能返回国内。于是，小王在 4 月底出国之前，通知 A 中介，把过户日期延后到 5 月 21 日。

房屋过户后，小李提出，因为小王的个人原因导致过户日期推迟，是小王违约，应该向小李支付违约金。而小王则认为，到国外出差是自己预料不到也没有办法推辞的，自己不但提前通知了，也在回国之后马上去办理了过户手续，并不存在违约的恶意，不应该承担违约责任。

【问题】如果你是负责此单的经纪人，你认为小王是否应该承担违约责任并支付违约金？作为一个优秀的经纪人，你应该以什么样的方式解决这一问题？

【答案】

（1）关于小王是否应该承担违约责任并支付违约金的问题，小王因个人原因推迟办理过户手续，已经构成了迟延履行的违约责任，应当向小李支付违约金。

（2）作为负责此单的经纪人，在处理这一问题的时候，应该注意以下几点：

1）在小王告知自己将到国外出差且短期内无法返回的时候，应该主动提示小王履约时间，并明确告知如果不能按时过户将会承担何种违约责任。以供小王参考并做出正确抉择。

2）经纪人应当与小李积极主动地沟通，询问其是否能够谅解小王的情况，同意推迟过户时间并不追究小王的责任。如果小李同意，则组织双方签署书面的变更协议，变更过户时间；如果小李反对，要求按照合同履行，则应当尊重小李的意见，并帮助小王寻求解决方案。

3）如果小王确实无法推辞出差任务，应当建议小王到公证处办理委托公证手续，委托家人或朋友代办过户手续。如此，小王仅需花费较少的公证成本，而不会发生违约行为。

四、违约责任相关法律条文

《中华人民共和国合同法》

详见第一百零七条、第一百零八条、第一百零九条、第一百一十条、第一百一十一条、第一百一十二条、第一百一十三条、第一百一十四条、第一百一十五条和第一百一十六条。

（供稿：孙笑竹）

专题 25 不可抗力

> **导读**
> 什么是不可抗力？不可抗力对房屋交易会产生那些影响？法院对不可抗力情形的适用又是什么态度？

一、不可抗力的法律基本概念

（一）什么叫不可抗力？

根据我国《民法通则》第一百五十三条及《合同法》第一百一十七条第二款规定，不可抗力是指不能预见、不能避免并不能克服的客观情况。即当事人订立合同时不可预见，情况的发生不可避免，无法通过人力进行克服的自然灾害、战争等客观情况。不可抗力条款是一种免责条款，如因不可抗力事件导致不能履行或不能如期履行合同，发生事件的一方可以免除不能履行合同的违约责任或者推迟履行合同。

不可抗力主要包括三类：一是由自然原因引起的自然现象，如洪水、旱灾、地震、台风、大雪、山崩等；二是由社会原因引起的社会现象，如战争、动乱、政府干预、罢工、禁运、市场行情等；三是政府行为，如征收、征用。

（二）不可抗力的构成要件

1. 不能预见

法律要求当事人在订立合同时，对事件是否会发生是不可能预见到的。通常来说，一般理智正常的人能够预见到的，合同当事人就应预见到；如果订立的合同属于特定领域，需具备一定专门知识，那么只要具有这种专业知识的一般正常水平的人所能预见到的，则该合同的当事人就应该预见到。同时还应根据行为人年龄、智力发育状况、知识水平、教育等主观因素来判断。

2. 不可避免

合同生效后，当事人对可能出现的意外情况采取了及时合理的措施，但穷尽各种手段仍不能阻止这一情况的发生，这就是不可避免。如果一个事件的发生完全可以通过当事人及时合理的作为而避免，则该事件就不能认为是不可抗力。

3. 不可克服

合同的当事人不能左右事件的发生及造成的后果即为不可克服。如果某一事件造成的后果可以通过当事人的努力而得以阻止，那么这个事件就不能称之为不可抗力。

4. 发生在履行期间内

对某个具体合同而言，不可抗力必须发生在合同签订之后、终止以前，即发生在合同的履行期间内。如果一项事件发生在合同订立之前或履行之后，或在一方履行迟延而又经对方当事人同意时，则不能构成这个合同的不可抗力事件。上述四个要件，同时满足才构成不可抗力，缺一不可。

（三）适用及注意事项

1. 不可抗力条款是法定条款

合同中是否约定不可抗力条款，不影响法律条款的直接适用。也就是说即使合同条款没有不可抗力的相关约定，一旦发生也可以直接援引法律条款，从而免除或部分免除合同约定的违约责任。

2. 不可抗力条款具有强制性

这种强制性体现在当事人不得约定将不可抗力排除在免责事由之外。例如，双方在合同中约定，如发生地震等情形导致甲方不能如期交付房屋，甲方仍需按合同约定向乙方支付违约金。类似的条款为无效条款。

3. 当事人延迟履行后发生不可抗力事件的，不能免除责任

如一方当事人已存在迟延履行的违约情形，另一方当事人也同意继续履行，在一方迟延履行过程中在发生不可抗力的，仍应承担相应违约责任。

案例解析——"房产新政"是否属于不可抗力

1. 事情经过

湖南的王先生通过A中介购买李女士位于上海的一套价值263万元的住房，双方约定首付款为75万元，剩余房款168万元由王先生通过银行贷款支付。合同中约定，放款期限以贷款银行规定为准，若王先生的贷款申请未经银行批准或者审批额度不足申请额度，则王先生应于申请办理过户手续当日补足并以现金或转账方式支付给李女士。当天，王先生向李女士支付了2万元定金。

2. 纠纷产生

不凑巧的是，王先生付了定金4天后，国务院出台了"房产新政"，新政规定，对"不

能提供1年以上当地纳税证明或社会保险缴纳证明的非本地居民暂停发放住房贷款。"

王先生办不出贷款，于是想和李女士商量，表示他已经办不出贷款了，又没有全款的能力，希望能解除协议，并把2万元定金退还。李女士则坚决不同意，并表示要么继续购买，要么就按照协议约定的，2万元定金不予退还。双方各持己见，无法达成一致，最终王先生起诉李女士，要求解除合同，退还定金。

3. 法院审理

王先生诉称：房产新政属于"不可抗力"或"情势变更"，合同不能履行，不是自己的问题，自己不应该承担任何责任，要求李女士退还收取的定金。李女士则辩称：王先生的说法毫无依据，且合同中有明确约定，贷款申请未批准的，王先生应该补足后支付给我，既然反悔的是他，那么就应该按照约定，承担违约责任。按法律规定我还可以反诉王先生，但我不愿意折腾，只是不同意退还定金。

法院审理认为，原、被告订立的商品房买卖定金协议书，属缔约定金合同性质，当事人意思表示真实，内容合法，该定金协议从实际交付定金之日起生效，给付定金的一方不履行约定债务的，无权要求返还定金。原告拒绝支付购房款，属于不履行约定债务的行为，因此，原告无权要求被告返还定金。

对于原告提出受房贷新政影响无法办理贷款这一理由，法院认为，双方当事人已在合同中约定原告在规定时间内按期支付余下按揭，且原告也明知在一定期限内尚不能取得房屋产权证，国务院关于房贷调控政策的出台，并不必然导致原、被告间的商品房买卖合同不能继续履行。

4. 判决结果

最终，一审法院判决原告主张的事实，与适用不可抗力规定的条件不符，原告据此要求解除合同并返还定金，于法无据，法院不予支持，遂依法驳回原告的诉讼请求。上诉期内，原告并未上诉，判决生效，王先生房没买到，还赔了2万元定金，好不凄惨。

5. 法务分析

本案案情其实很简单，我们只用分析双方争议焦点即可：那就是国家房贷政策变化到底算不算是法律上的"不可抗力"或"情势变更"，从而决定原告王先生是否有权要求解除合同，要回已支付的2万元定金。

笔者认为，通过前文对"不可抗力"构成要件的介绍，新政的出台虽然符合不可预见这一要件，但确实未达到不能避免且不能克服的程度。向银行贷款是消费者购房融资的一种手段，并非唯一的手段，即使是政策不变动，消费者也并非百分百能从银行贷到款，政策变动导致银行贷款政策变动，主要是对缺乏资金的购房人造成影响，不缺乏资金的可以通过变更付款方式继续履行合同，因此，可以认为新政的出台与原告能否继续履行合同没有必然的关系，不应将房产新政视为不可抗力。

情势变更在我国《合同法》上并无明文规定，不过2009年最高人民法院公布的关于适用《中华人民共和国合同法》若干问题的解释（二）中明确规定："合同成立以后客观情况发生了当事人在订立合同时无法预见的、非不可抗力造成的不属于商业风险的重大变化，继续履行合同对于一方当事人明显不公平或者不能实现合同目的，当事人请求人民法院变更或者解除合同的，人民法院应当根据公平原则，并结合案件的实际情况确定是否变更或者解除合同"。由此，情势变更原则的适用应符合以下条件：①重大影响的客观事实，也就是说合同得以继续履行的客观情况确实发生变化，且对当事人继续履行合同造成了重大影响；②情势变更为当事人不能预见且不可归责于双方当事人；③情势变更的事实发生在合同成立后，履行完毕前；④情势变更发生后，如果继续履行合同，会对当事人显失公平。同时，情势变更原则强调了情势变更与不可抗力、商业风险的不同。

回到本案例，房产新政导致购房人必须变更全款的付款方式才能履行合同，那就等于强制购房人单方承担政策调整带来的全部不利后果，而出售人利益不受实质影响，甚至有所获利，已显失公平。因此，笔者认为法院判决有欠妥当，应适用情势变更，确定合同成立以后，因新政这一客观情况发生了当事人无法预见的重大变化，且出现了对继续履行合同一方当事人明显不公的情况，并根据公平原则，结合案件的实际情况（房贷所占购房款比例以及购房人实际支付能力）判决解除合同。再如，2013年3月国务院出台的二手房交易税费新政，家庭名下"非满五唯一"住房个人所得税由总价1%调整为差额20%，此种情况也应适用情势变更原则，保证公平合理，由合同当事人协商变更税费承担方式，协商不成则应解除合同。当然法院审理过程中也得考虑实际情况，如税费增加的幅度，当事人的支付能力及合同具体约定等情形，综合考虑后，站在公平合理的角度做出判决。

二、不可抗力的处理

合同中对不可抗力条款的约定双方首先应明确不可抗力范围，事件发生后通知对方的方式及期限，出具证明文件的机构以及不可抗力事件的后果。因此一旦发生不可抗力事件，当事人应尽力采取一切补救措施，将损失降到最低，并在合同约定的期限内，以约定的方式通知对方，并尽快前往相应机构开具证明文件。如不可抗力仅导致合同部分不能履行，该部分免除责任，未受影响的部分，当事人应积极履行，否则仍应承担违约责任。另外，比较特殊的金钱债务的迟延给付责任不得因不可抗力而免除。

三、思考题

李某通过A中介居间欲高价购买刘某依山傍水的农家院用来给父母养老，看过周边环境后，李某十分满意，双方当天签署了买卖合同，支付了两万元定金，并约定两个月后办理过户手续。但不巧的是，一个月后临近县城发生地震，余震导致山体滑坡，将农家院掩埋过半，好在刘某当天一家外出，幸免于难。

事后刘某通过电话告知A中介及李某发生的情况，并表示短时间内房子也没法收拾出来，我也不要求你继续购买，不行就解除合同吧？但李某却表示，发生这种事我很同情你，房子这样了考虑到父母的安全我不可能买，但我是付了定金的，你至少得按法律规定退还我双倍定金吧？双方不欢而散。

【问题】作为经纪人遇到这样的问题你该如何解决？刘某是否应该退还李某双倍的定金？

【答案】

（1）案例中发生的事件，即因地震导致山体滑坡，属于典型的不可抗力，属于合同免责的法定事由。刘某无需为不可预见、不能避免、不能克服的情况导致无法依约办理过户手续的违约行为承担责任。

（2）作为经纪人，应该积极协助双方协商解决，从法律角度为李某讲解不可抗力的相关规定及免责事由；从合同角度讲解不可抗力的相关约定；从情理角度开导劝说李某考虑刘某的不幸与遭遇。如仍无法说服，则建议李某在充分考虑时间成本、经济成本、人工成本、诉讼结果的前提下通过起诉方式解决。

（供稿：朱政先）

专题 26　房款支付

一、未如期支付房款应当承担的法律责任

案例解析——未按合同约定支付房款招来巨额损失

1. 事情经过

2014 年 9 月，叶某通过 A 中介看房、磋商后与张某签订了《房屋买卖合同》及《补充协议》，叶某买房是做婚房使用，合同签订后叶某按约定向张某支付了购房定金 10 万元，至此双方合同履行顺利。

2. 纠纷产生

合同签订后不久，叶某有些反悔了，提出房屋的实际户型与 A 中介对外宣传的户型不一致为由，要求解除合同，并且不再按合同约定支付房款。经纪人也多次劝说叶某，这并不是解约的理由，叶某还是应该按合同约定支付房款，但叶某对此不予理睬，依然我行我素。张某无奈将叶某诉至法院，追究叶某的违约责任。

3. 法院审理

法院审理查明，叶某及其家人签署合同前实地看房，且张某也向叶某出示了房产证原件，而房产证上对房屋户型结构有明确的记载。叶某签署合同时并未就户型问题提出异议，且其实地看房对涉案房屋户型也是认可的，其后期以此为由要求解除合同，行使法定解除权，法院对此不予认定。

4. 判决结果

经法院审理，根据《中华人民共和国合同法》第九十三条、第九十七条的规定判决叶某向张某支付违约金 30 万元。

5. 法务分析

（1）合同签署后对双方均具有约束力，双方均应按合同约定履行相关义务，否则将面临违约承担违约金的风险；

（2）并非任何合同瑕疵都会导致合同解除，所以双方如发现可能导致合同解除或无法继续履行的情形时，应向专业法律人士咨询这种情况是否可以不按合同约定履行自己的义务，切勿自己决定；

（3）签署合同前一定要核实清楚房屋状况，切勿盲目签署合同，因为合同双方一旦

签字即发生法律效力。

本案例部分节选自（2014）朝民初字第 44326 号民事判决书。

二、自行支付房款后房财两空

案例解析——自行付款房财两空悔终生

1. 事情经过

2012 年 9 月，胡某想买一个大房子，将自己名下的两套房产出售，经多次看房，看中了郭某的房子，经多次谈判，最终签订了《房屋买卖合同》及《补充协议》，并向郭某支付了定金。

2. 纠纷产生

正当胡某沉浸在即将住进大房子的喜悦中时，郭某的房屋查明已被法院查封，因为郭某对外欠有巨额债务。后胡某和郭某就查封情况进行了协商，胡某轻信郭某解除查封后继续交易的许诺，自行向其支付了两百多万元的大额房款，而郭某拿到房款后并未去解除查封，而查封的房产是属于法律规定的禁止性交易的情形，胡某此时想拿到房屋已无法实现，而其向郭某主张房款也被拒绝。无奈胡某将郭某诉至法院，要求郭某按约定返还已付房款的双倍。

3. 法院审理及判决结果

法院审理认为，胡某与郭某签订合同时涉案房屋已处于法院查封状态，属于法律规定的除外情形，合同是无效的，胡某无权依据无效的合同作为主张违约金的依据，因此驳回了胡某的诉讼请求。

4. 法务分析

（1）签约前一定要核实房屋状况，房屋是否可以上市交易；
（2）切勿自行支付大额房款，尽量对大额房款进行资金监管；
（3）选择合理的诉求向法院起诉，盲目诉讼不仅耗时费力还达不到预期效果；
（4）专业法律人士帮助把控风险很有必要。

本案例部分节选自（2014）朝民初字第（22951）号判决。

三、房款支付的风险

（1）购房人未按合同约定向出售人支付购房款，这是房屋交易过程中最明显也是最常见的风险,此时购房人将面临违约向出售人支付违约金的风险;如购房人逾期支付购房款期限达到双方合同约定的根本违约的情形,购房人将面临解除合同并支付违约金的风险;

(2)购房人支付房款后,出售人未按合同约定解除抵押或拒绝出售房屋,购房人虽可以追究出售人的违约责任,但已支付购房款也有无法追回的风险;

(3)购房人支付房款后,出售人将房屋抵押给他人并办理抵押登记,这种情况下出售人违约的情形十分严重,往往导致进行抵押登记的价款比未收到的购房款还要多,购房人面临无法获得房屋同时也无法追回已支付购房款的风险;

(4)购房人支付部分房款后,房屋被司法机关查封,此时房屋即成为法律规定的限制交易的房屋,购房人应尽可能地追回已支付的购房款,不要轻信司法机关解除查封后就可过户的承诺继续支付购房款,一定要等完全解除查封后再继续交易,否则可能会导致更大的损失。

四、风险应对措施

(一)办理资金监管

房屋交易主要涉及两个方面,一是房屋过户登记,二是房屋价款支付。对购房人来说房屋过户登记到自己名下房屋交易风险基本解除,而对出售人来说,收到全部购房款其交易风险基本解除。因此,为了将交易风险降到最低,资金监管形式应运而生,前期支付的房款都放在资金监管账户中,等房屋过户登记完毕后,再转入出售人账户中,这既保证了购房人的利益,为其降低了风险,也解决了购房人支付房款时的顾虑,从而更易于促成交易的达成,间接保证了出售人的利益,达到其售房收到房款的目的。

资金监管可以满足买卖双方的利益,是最安全的房款支付方式。即使房屋交易过程中出现变故,购房人已支付的房款因放在监管账户而排除了无法追回的风险;出售人因为房款在监管账户中,无法取出,既排除了将房款挥霍而无法返还的可能也为后期解除合同争取到筹码,同时排除了出售人涉嫌犯罪的可能。

(二)及时办理网上签约备案

根据现行政策和相关法律规定,一套房屋只能进行一次网上签约备案手续,因此及时办理网签手续,消除了出售人一房二卖的风险,也为后期出售人不配合办理过户手续时,法院判决过户提供了必要条件。

(三)支付房款前一定要核验房屋是否有查封、抵押等情形

支付房款时一定要去房管部门核实房屋基本状况,如存在房屋限制交易或其他情形

时，立即与出售人沟通和停止支付房款，告知其新发现的房屋状况及不按期支付房款的原因，并保留相关证据。在新发现的房屋情况解决前，不要擅自向出售人自行支付购房款。

五、房款支付注意事项

（1）房款只能向出售人本人或合同约定的账户或经公证的授权委托书确定的有代收房款权限的人支付；
（2）房款应按合同约定期限和数额进行支付；
（3）房款应以合同约定的方式进行支付，约定进行资金监管的在合同变更前不要自行支付；
（4）支付大额房款前，尽量再次核验房屋；
（5）大额房款尽量选择资金监管方式支付。

六、思考题

A想购买一套房屋，经看房看中B的房屋，经协商一致，签订了《房屋买卖合同》。A向B支付了定金10万元，在合同履行过程中，法院将房屋查封，此时也到了支付首付款的时限，B认为A应按合同约定向其支付首付款，否则就构成违约。

【问题】问A是否应向B支付首付款并说明原因。作为经纪人这个单子应如何处理？

【答案】此时A应中止向B支付首付款，房屋在合同履行过程中查封是合同解除的条件，房屋被查封后A将面临无法过户的风险，A甚至可能无法追回已付定金，因此A无论如何都不应再支付房款。

作为经纪人遇到此种单子，应这样处理：①将双方约到一起，协商如何处理后续事宜，如B同意去法院解除查封，房屋继续交易，而A也想继续购买房屋，可建议双方另行签署《补充协议》将合同变更事项写清楚；②如双方一方不想再继续履行合同，建议双方尽快签署解约协议；如无法达成一致意见，则建议一方尽快到法院起诉解决此纠纷；③向A说明此合同的风险并告知其在查封解除前，千万不要向B再支付房款；④即使合同继续履行，也要强烈建议双方对房款进行资金监管，保障资金安全。

（供稿：闫松松）

专题 27　房屋过户

> **导读**
> 　　房屋买卖中过户有多重要？出售人拒不配合办理过户手续如何处理？应承担什么责任？

一、房屋过户的基本法律概念

　　房屋过户指房屋买受方通过转让、买卖、赠与、继承等方式获得房产，并到房屋权属登记中心办理的房屋产权变更手续，即产权从甲方转移到乙方的全过程。房产过户有几种不同的情形，有继承的房产过户、赠与的房产过户、二手房过户等，本专题主要阐述二手房交易过户的内容。

二、未如期办理过户手续的法律责任

案例解析——未如期办理过户手续应承担的违约责任

1. 事情经过

　　2012 年 6 月 5 日，郑某与李某签订了房屋买卖合同，约定李某将其位于郑东新区某房屋出卖给郑某，总价款 240 万元，另约定合同签订后郑某向李某支付首付款，办理房产解押，尾款在办理过户前 5 个工作日内支付给李某。合同生效后，郑某按约定将 90 万元解押款汇入李某中行银行卡账上，李某收到解押款后，到银行办理了解押手续。然而李某不但未在合同约定期限内配合郑某办理过户，反而于 2013 年 5 月 3 日向郑某发出书面通知主张合同无效，拒不履行合同。

2. 纠纷产生

　　房屋买卖合同进行过程中，郑某认为房屋买卖合同已生效并实际履行，李某擅自违约应当承担违约责任并继续履行合同，然而李某不但未积极配合原告办理过户，反而于 2013 年 5 月 3 日单方通知合同无效，企图违约不履行合同，李某称该合同未经房屋产权人丁某追认，系无效合同，自然无权办理过户手续。双方为此僵持不下，于是郑某一纸诉状将李某告上法庭。

3. 法院审理

原告郑某与被告李某签订房屋买卖合同，系双方真实意思表示，不违反相关法律法规的规定，合法、有效。原、被告之间形成房屋买卖合同法律关系。本案中，该房屋买卖合同上有被告李某本人的签字，被告李某辩称合同未经追认不生效的主张不能成立，法院不予采信；关于被告丁某辩称李某擅自与原告签订房屋买卖合同，转移丁某的财产，属于无效合同，法院认为房屋买卖合同签订时房屋权利状况为被告李某单独所有，具有处分权。被告丁某作为共有权人系后期产权变更产生，故被告主张某于法无据，法院不予支持。

原告按合同约定支付了购房定金和首付款，被告应当履行房屋过户义务。故对原告请求判令被告按照房屋买卖合同约定将交易房屋房屋过户给原告的诉讼请求，法院予以支持。

4. 判决结果

最终法院认为买卖合同系双方真实意思表示，不触犯法律法规，合法有效，且双方均具备履行合同的能力，判决被告李某、丁某在原告付清剩余房款后应协助原告郑某办理房屋过户手续。

5. 法务分析

（1）双方之间签署的《房屋买卖合同》合法有效，对双方具有法律约束力。双方签订的《房屋买卖合同》在形式上符合法律要求，内容上不违反法律规定，意思上是双方真实意思表示，应确认合法有效，对双方具有法律约束力。

（2）《合同法》第八条规定：依法成立的合同，对当事人具有法律约束力。当事人应当按照约定履行自己的义务，不得擅自变更或者解除合同。房屋买卖合同签订后，购房人履行了主要义务的，出售人应当履行交房义务并有义务配合购房人办理房产过户手续。李某拒不协助郑某办理产权手续，属于不履行合同义务，构成违约，应当承担违约责任。

（3）判决生效后，如果出售人仍然不配合购房人办理过户，购房人可以向法院申请强制执行，取得法院协助执行裁定后，即使出售人不出面，房地产登记管理机关也有义务协助购房人办理过户手续。

三、房屋过户的注意事项

不动产物权以"登记"为公示公信原则，我国《物权法》第九条规定：不动产物权的设立、变更、转让和消灭，经依法登记，发生效力；未经登记，不发生效力。在二手房买卖中，购房人一定要注意合同条款过户时间的约定，务必确保交易房屋在具备办理过户手续条件时,及时督促出售人配合办理。

房屋过户中应该注意:

第一,出售人因为所在楼盘区域房价上涨出尔反尔,不想出售房屋或要求涨价,并以种种理由不配合购房人办理房屋过户手续。如果此时购房人有能力支付全部房款,且要求继续履行买卖合同,即使出售人愿意承担违约金而要求解约,法院也可以根据守约方的请求判决合同继续履行;如果此时出售人仍然不配合,购房人可以在判决生效后申请法院强制执行。当然与此同时,如果购房人单方违约明确表示不配合出售人办理过户手续的,因涉及履行能力的问题法院一般不会判决强制过户,而是由购房人支付相应的违约金。

第二,就房屋买卖双方主体来看,如果房屋权属登记的主体为无民事行为能力人或者限制民事行为能力人,应办理监护公证,由监护人代为签署合同及协助办理贷款、过户手续。如产权人属于精神疾病等公证处无法办理监护公证的情况,可通过法院特别程序起诉确定其为无民事行为能力人或限制民事行为能力人,并且明确指定监护人后,由监护人代为办理过户事宜。

第三,如果房屋登记在夫妻双方共同名下,如果其中一方要出售此房屋,应该取得另一方的同意,并且要配偶本人明确签署同意出售的承诺书;如果夫妻双方已经离婚的,应提供离婚协议或法院离婚判决。如果其中一方去世的,要遵循遗嘱继承优先于法定继承的原则,此外,所有继承人要做继承公证,可以公证到其中一个继承人名下,由其签署买卖合同,办理房屋交易手续,其余继承人出具放弃继承权的声明。也可以所有继承人都以房屋共有权人的名义签署合同,总之,房屋的所有人如果要出售该房屋就应该确保自己对交易房屋享有完全处分权。

第四,如果买卖双方交易的房屋存在抵押,不论是抵押给个人还是抵押给银行,都必须先还款解押,才能办理过户手续。

第五,在房屋交易过程中,买卖双方有时会为了省税而延期过户。待房产证满两年或满五年后再办理过户手续。房屋的权属是以登记为准,购房人在未取得房屋所有权证之前,对交易房屋不具有所有权。若出售人另行出售、办理抵押或因个人债务被法院查封,购房人很有可能将无法取得该房屋所有权,仅能要求其退还已付房款,并承担违约责任。所以,为省税而延期过户,存在较大风险,需谨慎。

第六,在房屋交易过程中,买卖双方可能因为出售人换房需过户腾购房资质而约定购房人先办理过户手续再支付剩余房款,这种情况也存在较大风险。如果购房人未能如期支付购房款,房屋或被设置大额抵押,或被查封,若购房人无其他财产可供执行,出售人将面临巨大损失。所以,在房屋交易进行的过程中,买卖双方如果协商约定好双方先行办理房屋过户手续,购房人再支付剩余的购房款的,过户前,双方应书面协议确定购房人支付尾款的时间,及逾期支付的违约责任,并要求购房人提供等值的担保,确保尾款的按时支付,否则可能面临钱房两失的局面。

第七,房屋交易过程中,出售人年纪较大且刚做完手术,随时都有生命危险,如果在双方签署合同后出售人去世,合同继续有效,继承人也应该按照原合同继续履行,双方如期办理过户手续,如果双方不能达成共识,继承人也不肯配合办理过户手续的,购房人如果具备全款购房的能力，可以起诉请求继续履行并办理过户手续。

四、房屋未如期过户的处理方式

1. 咨询专业人士，正确辨别违约行为及承担的责任

房屋买卖双方的合同原则上说是房屋买卖双方的一种契约行为，无论是房屋的买受方还是房屋的出卖方都应该按照合同的约定履行各自的义务，双方相互配合办理过户手续，如果合同履行过程中买卖双方确实由于自身的原因无能力如期履行合同，无法完成过户，建议及时咨询相关的专业人士，分析合同条款，正确界定自己的行为，判别应承担的法律责任，避免不必要的损失，尽量缩小违约成本，维护自己的合法权益。

2. 双方协商沟通，或者通过居间方协商解决

买卖双方如果合同履行过程中确实因为合同双方的原因导致房屋无法如期过户，那么买卖双方可以尽量协商解决纠纷，或者积极找专业的经纪机构解决，毕竟经纪机构有着多年的从业经验，对于房屋交易及过户问题有着较为专业的处理方案，可找到更为有效的处理途径。随着房屋交易的不断进行，经纪机构也不断发展完善，对于各种常见的纠纷大都能处理得得心应手，所以在合同履行的过程中不论是遇到关于房屋过户的问题还是其他方面的纠纷，都可以及时寻求专业的经纪机构的帮助，高效及时地解决纠纷。

3. 通过诉讼途径维护自身的合法权益

房屋买卖合同交易过程中，如果买卖双方由于一方的原因导致合同无法如期履行，并且双方都具备履行合同的能力，如果其中一方不按约定履行合同，比如房屋出卖方不配合房屋买受方办理过户手续，并且购房人具备履行合同的能力，已支付全部房款或者房屋虽有贷款但是银行已经批贷的，购房人可以起诉出售人不履行合同义务，请求法院判决强制过户。维护买受方的合法权益。另一方面，如果由于房屋买受方的原因导致合同无法如期履行的，房屋出售人同样也可以按照合同约定向法院诉求购房人继续履行合同，如果购房人明确拒绝或者并不配合履行合同约定的相关义务，那么房屋出售人可以要求购房人支付相应的违约金及赔偿金。

五、思考题

出售人张女士，购房人张先生，两者达成房屋买卖合同，相关手续都已办理完毕，现在房屋进行到过户阶段，发现该房屋名下有两个房本，其中一个在担保公司代表人名下，建委产权登记簿也是登记在此人，系原产权人未偿还担保公司债务时过户，一个仍登记

在原产权人名下由其母亲持有,为下新房本前原产权人挂失后补办的,两个产权证房屋登记地址一样,房产证号码、房屋产权人、登记日期都不一样。母亲住该房对面,拿着旧房本跟购房人说这房子是她的不让卖,经多方解释购房人还是担心要求解约,并同意不退还 2 万定金,但出售人要求保留追究其违约责任的权利,双方协商未果。购房人又要求继续购买该房屋,要求出售人继续配合办理房屋过户手续。但出售人却以首付款未按期支付为由要求支付 10 万元违约金才继续履行,因此购房合同未能如期履行,出售人也无法如期办理过户手续。

【问题】如果你是负责此单的经纪人,你认为合同的买卖双方谁应该承担责任?作为一名优秀的经纪人,你该如何有效避免类似法律纠纷的产生从而保证房屋能够按照合同约定如期办理过户手续。

【答案】房屋买卖合同的双方在签订双方的合同约定时应该仔细核验房屋的权属情况,是否在出售人一人名下,如果存在其他共有权人,共有权人是否知晓并同意此次房屋的买卖。尽量避免在合同履行过程中出现权属争议,导致买方在履约过程中因担心房屋权属问题不想购买,同时导致房屋无法如期过户,合同无法顺利履行,另外,作为出售人也应该按照合同约定保证房屋的权属情况属实,在合同履行过程中不想出卖该房屋,导致房屋无法顺利过户。

作为经纪人,当房屋买卖合同出现纠纷,未能如期过户时,应该积极与合同双方沟通,全面了解纠纷产生的原因以及双方的诉求,积极促成双方协商解决纠纷,促成合同的如约履行。就本案而言,应该首先明确房屋房本的有效所有人,确定房屋的权属情况,保证房屋具备过户的基本条件,同时对于购房人而言,也该督促其按照合同约定筹集购房款,配合出售人办理房屋过户的相关手续。

(供稿:周琦)

专题 28　物业交割

> **导读**
> 我在 A 中介的居间下买了一套房，过户、物业交割后，却发现出售人拖欠了 4000 多元的物业费和电费，我该如何处理？购买二手房的过程中，如何全面防范此种风险的发生？

一、未如期办理物业交割的责任

案例解析——未如期办理物业交割手续应当承担的法律责任

1. 事情经过

2013 年，出售人吕某与购房人高某在 A 中介的居间下，签订了北京存量房买卖合同及其补充协议。双方约定：2015 年 5 月 15 日前双方共同办理过户手续；过户后 3 个工作日内双方自行办理物业交割手续，由 A 中介陪同；此外双方曾口头约定，吕某将房屋剩余燃气、电赠与高某。

2. 纠纷产生

由于高某未能如期筹齐购房款，双方实际办理过户手续的时间为 2015 年 5 月 21 日，此后双方就高某逾期过户的违约金事宜进行多次洽商均无法谈妥。吕某因此拖延办理物业交割手续，直至 2015 年 5 月 31 日才办理完毕。此外，吕某认为高某逾期办理过户，构成违约，拒绝将房屋剩余燃气、电赠送高某。因此，吕某向法院提起诉讼，要求高某支付逾期过户违约金 9900 元及房屋剩余燃气费、电费 11124 元。高某则提起反诉，要求吕某支付逾期物业交割违约金 11550 元。

3. 法院审理

法院审理过程中，吕某提出自己赠送高某剩余燃气、电是以"双方合作一切顺利"为前提的，由于高某逾期过户，因此吕某有权不赠送剩余的燃气、电。高某则称，签订合同过程中，双方口头约定吕某赠送剩余燃气、电，在此基础上才达成 330 万元的成交价格，双方并未约定该赠与附有条件。

吕某提出其于 2013 年 5 月 24 日已搬家完毕，并通知 A 中介可以随时进行物业交割。而 A 中介称吕某并未交付房屋钥匙，并拒绝配合办理物业交割。

4. 判决结果

经审理后,法院认为:吕某和高某均认可签订合同时吕某承诺将燃气、电赠与高某,法院对双方认可的同一事实予以确认。吕某称其赠与附有条件,但未提出相关证据,因此其无权要求高某支付剩余燃气、电费。

吕某、高某应自行办理物业交割手续,A 中介仅负陪同义务,因此吕某应自行就逾期物业交割向高某承担责任,吕某应向高某支付逾期物业交割违约金 11550 元。此外高某应向吕某支付逾期过户违约金 9900 元。

5. 法务分析

物业交割手续虽然简单,在繁琐的购房程序中容易被忽略,但物业交割手续的如期履行与合同顺利履行息息相关。该案件给我们如下启示:

(1)合同双方应按约履行物业交割手续。除非合同另有约定,否则不得因合同的其他纠纷而延迟履行物业交割。本案中,高某逾期过户,吕某有权起诉要求其承担违约金责任,但不应不予配合办理物业交割手续。如拒绝履行或迟延履行物业交割,则守约方有权根据购房合同要求违约方承担相应的违约责任。

(2)物业交割非经纪机构的义务。在居间签订的购房合同中,购房合同的主体仍为出售人和购房人,经纪机构负责报告订约机会、促成订约等居间义务。因此双方不得将自己应当履行的义务推卸给经纪机构。本案中,吕某认为自己已经通知 A 中介搬家完毕,随时可以办理物业交割,但办理物业交割手续为吕某和高某的义务,因此吕某不予办理物业交割手续将自行承担违约责任,法院不予支持将责任推卸给经纪机构。

(3)物业交割事宜应以书面形式明确约定。在本案中,吕某曾提出自己赠送燃气、电附有"双方合作一切顺利"的条件,但未能提出相关证据,因此法院不予支持。更重要的是,双方合作一切顺利为主观、模糊、不明确的描述,难以标准衡量什么情况是合作顺利。因此更好的方式是,以"概括加列举"的方式描述赠与条件,如"吕某同意在履约过程中,如高某未发生违约行为,则将剩余燃气、电赠与高某。上述违约行为包括但不限于以下行为:迟延支付房款,迟延办理过户手续。"以概括加列举方式描述条件,才能最大限度地降低双方对该条件的争议。

本案例部分节选自朝民初字第 27552 号判决。

二、办理物业交割手续的注意事项

办理物业交割手续是购房的最后一个环节,却对购房人的未来的住房舒适度起着至关重要的作用。如没有做好物业交割手续,等待合同终止后再解决,往往出售人早已音讯全无,购房人只好自认晦气。这不仅造成购房人的经济损失,心理也难以平衡。因此应作好物业交割的四大步骤,并注意相关事项。

1. 通知出售人腾空房屋

在物业交割前，需要通知出售人腾空房屋。若出售人拒绝腾空或逾期腾空房屋，则购房人有权要求其承担违约责任。

2. 结清水、电、燃气、物业管理等费用

出售人与购房人应结清水、电、燃气、供暖、电话、宽带、有线电视、物业管理、维修基金等费用。结清相关费用时，要注意在物业交割单上记录相关读表数并签字备档；要注意让出售人提供相应的缴费证据或到相关部门查询缴费情况，看是否存在逾期未缴费的情况；用智能卡缴费的，要注意接收智能卡；需要过户、更名的有线电视、电话、宽带、维修基金等项目，出售人应配合购房人办理相应的过户、更名手续。

其中维修基金余额的结算和更名常出现以下争议：出售人约定将维修基金赠与购房人，但出售人实际并未缴付维修基金或者维修基金部分已经使用。此时不足部分由谁缴付容易产生争议。因此签订合同时，应明确维修基金的结算数额。

3. 交接钥匙，验收房屋及附属设施

一般来说，购房人在交付房屋时就会对房屋及其附属设施进行验收。但比较容易忽略的是"看不见的部分"，这些"看不见的部分"如没有交割清楚会对购房人未来的居住生活、邻里关系造成诸多不便。因此物业交割时要注意对房屋是否存在下水道堵塞、墙面渗漏等问题进行查看与验收。

4. 办理《物业服务合同》的变更或重新签订事宜

出售人应协助购房人到物业管理公司办理《物业服务合同》的变更或重新签订事宜。

三、思考题

郑州的蒋某在 A 中介的居间下花 86 万元向杨某购买了一套二手房。在过户前，他曾特意问过杨某，这个房子是否已把物业费、水电气等费用结清了，杨某回答结清了。为了保险起见，在正式过户前，蒋某在 A 中介的见证下，要求杨某给他写了一张证明，写明房子卖给蒋某之前的水电气和物业费由杨某负责处理，卖房之后发生的费用由蒋某负责交纳。但蒋某入住时才发现杨某拖欠了 4000 多元的物业费和电费。蒋某与杨某协商解决，但杨某拒不缴纳相关款项。

【问题】如果你是负责该单的经纪人，你认为杨某是否应当承担相应的违约责任？作为一个优秀负责的经纪人，你认为应当从哪几方面避免类似纠纷的产生。

【答案】

（1）杨某恶意隐瞒拖欠物业费、水电燃气费的事实并且拒不缴纳相关款项，已经构

成违约，蒋某可以要求杨某根据合同承担相应的违约责任。

（2）作为一个优秀负责的经纪人，应当从以下三方面避免类似纠纷的产生：

1）事前防范：签订购房合同时，应当明确房屋产权过户前的水、电、燃气、供暖、电话、宽带、有线电视、物业管理等费用由出售人承担。另外，购房人可以要求从房款中留取一部分作为物业交割保证金，等待物业交割清楚后再交付保证金。此外，优秀的经纪机构通常会推出相关承诺，承诺物业欠费先行垫付，出售人、购房人最好选择有相应服务保障的经纪机构进行交易。

2）事中控制：在物业交割中，在结清相关费用时，要注意在物业交割单上记录相关读表数并签字备档；要注意让出售人提供相应的缴费证据或到相关部门查询缴费情况，看是否存在逾期未缴费的情况。

3）事后补救：一般来说只要作好事前防范和事中控制，物业交割的纠纷就可以避免。但如果因各种原因最终发生了出售人欠费并拒绝缴费的问题，则作为经纪人可以向出售人说明不履行物业交割义务将承担的违约责任，通知、催告、督促其履约，或组织双方协商解决，并签署书面协议。如出售人既不愿意协商解决、也不愿意履约，则可以建议购房人起诉要求其承担相应的违约责任。

（供稿：陈双美）

专题 29　房屋交付

> **导读**
>
> 　　我买的房子已经办理了过户，可到了合同约定的交房日期，出售人却迟迟不交房，我该怎么办？

一、未如期交付房屋应当承担的法律责任

案例解析——出售人逾期交房，法院判决其承担违约责任

一般来说，如果出售人和购房人已经签署了合法有效的房屋买卖合同，如果出售人未按照合同约定的要求和时间将房屋交付给购房人，出售人是要承担相应的违约责任的。

1. 事情经过

张某是北京市原宣武区某处房屋的产权人，2014年12月，张某作为出售人，高某作为张某的委托代理人，通过经纪机构与购房人赵某签订《北京市存量房屋买卖合同》及《补充协议》，约定出售人收到购房人全部购房款后1个工作日内将该房屋交付给购房人。合同签订后，购房人赵某向委托代理人高某支付了全部购房款，并完成了过户手续，于2015年1月29日取得了该房屋的房屋所有权证。

2. 纠纷产生

然而，虽然赵某已支付了全部购房款，出售人张某也配合赵某完成了过户手续，但张某却拒绝交付房屋，理由是自己并没有收到购房款，而且自己没有其他住房、无法搬家，因此迟迟不予交房。无奈之下，赵某只得诉至法院，要求继续履行房屋买卖合同，要求张某交付房屋。

3. 法院审理

法院经审理查明，张某系该房屋的原产权人，其2013年全权委托畅某售房、并办理了委托公证，且约定畅某有转委托权。之后，畅某于2014年签署转委托书，全权委托高某代为售房，并办理了委托公证。高某作为张某的公证委托代理人，通过A中介与购房人赵某签订了房屋买卖合同，并实际履行了合同。为此，法院还调取了相关的公证材料，故认定高某与张某之间的委托手续合法、有效，买卖双方签订的房屋买卖合同系双方的

真实意思表示，未违反法律、法规的强制性规定，属有效合同，双方均应按照约定履行自己的义务。购房人赵某已经依约履行了义务，出售人张某不予交付房屋的理由不能成立。

4. 判决结果

最终，一审法院根据《中华人民共和国合同法》第六十条、第一百零七条、第一百一十四条，判决房屋买卖合同继续履行，出售人张某应协助赵某办理物业交割手续、腾空房屋，并按照每日总购房款万分之二的标准赔付给赵某逾期支付房屋的违约金，直至实际腾房为止。

5. 法务分析

这是一起较为典型的出售人逾期不交房，法院判决其承担违约责任的案子。虽然张某主张自己因并未收到购房款而拒绝交房，但他的说法并不能站住脚，因为张某确实委托畅某代其售房，畅某随后又将该事项转委托给高某，先后两次委托均办理了公证，高某是有权代张某签订房屋买卖合同、代收购房款并办理交易相关手续的。鉴于，张某与赵某之间的房屋买卖合同是合法有效的，张某拒绝交房的行为已经违反了合同约定，故此，法院判决张某承担逾期交房的违约责任。

这个案子有两点特别值得注意：

（1）房屋产权人委托他人售房时，应当对委托代理人的代理权限、代理期限、具体事项及是否有转委托权有清晰的了解。如果出售人仅委托他人办理某些环节的手续，则应当明确委托事项的范围，避免出现出售人全权委托他人售房后，无法及时全面掌控房屋交易的情况出现。本案中的出售人张某即是将售房的事项全权委托给了他人，但又在委托代理人代为签订、履行买卖合同后，又推脱自己未收到购房款而拒绝交房，显然既不合理，也不合法。

（2）依法成立并生效的房屋买卖合同，对买卖双方均具有法律约束力，双方均应当按照合同约定全面履行自己的义务，无正当理由不得擅自变更或中止合同，否则，将会承当相应的法律责任。就本案来说，张某未在合同约定的期限内向购房人赵某交付房屋，已经构成违约，最终张某不但要承担腾房的责任，而且根据合同约定还要赔付高额的违约金。

本案例部分节选自（2015）西民初字第15884号判决。

二、办理房屋交付的注意事项

大多数情况下，房屋交付一般出现在买卖合同履行的后期，买卖双方已经按照合同约定履行了大部分义务，按理说应该不会在房屋交付上为难对方，但现实中，逾期交房或因交房问题产生纠纷的情况并不鲜见。因此，在办理房屋交付时，需注意如下事项：

1. 临近交房日期前，购房人可提醒出售人做好交房准备

购房人在已经履行了自己的大部分义务后，在临近交房日期前，可以提醒出售人做好交房准备，如真的遇到出售人提出推迟交房或拒绝交房的，应主动了解具体原因、保留好相关证据（如短信、微信、通话录音），并积极与出售人、经纪机构进行协商，寻求解决办法。如协商不成，也可以考虑诉讼解决。

2. 出售人应移走自有物品，腾空房屋，但不得损坏房屋及附属设施设备

除合同约定的作价物品外，对于房屋内的自有物品，出售人应当在交房之前移走、并腾空房屋，以便购房人验收房屋。但腾房时，出售人不得损坏房屋及附属设施设备，尽量保持房屋处于正常状态。

3. 认真做好物业交割、验收房屋、交接钥匙

交付房屋时，出售人与购房人应认真做好物业交割，结清水、电、燃气等相关费用，做好相关更名手续（如有线电视、物业服务合同等），仔细查验房屋及设施设备的状况，并交接门卡、钥匙，避免双方因小事产生不必要的纠纷。必要时，可以让经纪人陪同办理相关事宜。

三、思考题

王某和李某婚后共同购买了一处房产，后双方因感情不和离婚，约定房屋产权两人各占一半。但双方育有一子尚未成年，王、李二人便让决定这套房子让儿子小王居住，直到其成年。此后，王某、李某均遇到了生活的困境，无奈之下，二人将这套房通过经纪机构卖给了孙某，买卖合同签订后，买卖双方正常履行了各自义务，也顺利办理了房屋过户手续，但到了交房的日子，孙某却收不到房子，原因是房子被小王占据着。孙某找到王某讨说法，王某却说房子是自己儿子小王占着，腾房跟自己没有关系。

【问题】如果你是负责这个交易的经纪人，你如何看待王某的说法？作为一个优秀的经纪人，你应该如何处理房屋交付的问题？

【答案】

（1）关于出售人王某声称房子是自己儿子占着，腾房跟自己没有关系的说法是不成立的。这可以通过法律中的"合同相对性"来解释，即便房屋被小王占据着，但是应当履行交房义务的人仍然是王某，因为房屋买卖合同系王某与购房人孙某签订的，合同中所约定的权利义务是约束王某和孙某的，即便王某不能交房的原因是自己儿子小王占着房子，但是逾期交房的违约责任，仍是王某来承担，因此，王某的说法不正确。

（2）作为负责这个交易的经纪人，在处理房屋交付问题时可以注意如下几点：

1）经纪人应当积极与出售人王某进行沟通，首先要向王某说清楚承担交房义务的人

仍是王某自己,并明确告知王某如果不能如期交房可能会承担的违约责任(如被法院判决腾房、承担高昂的违约金等),以使王某知晓后作出正确的选择。

2)经纪人应主动向王某、小王了解不交房的具体原因,帮助其寻求解决办法,如果是家庭内部情感因素或是购房款分配不均等原因,则可以建议出售人在评估违约成本的前提下,理性地处理家庭内部的矛盾,避免出现因自己意气用事,而造成得不偿失的情况出现。如果王某、小王在找房搬家方面有困难,经纪人也可以帮助其寻找合适的房子,以求小王尽快腾房,买卖双方顺利完成房屋交付。

3)经纪人在积极为出售人寻求解决办法的同时,对于购房人孙某,经纪人也应引导其通过合理的方式,处理房屋交付问题。买卖双方可以在经纪人的陪同下进行沟通,如果双方能就交房达到新的方案,经纪人应务必要求双方签署书面的补充协议,以便明确双方的权利义务,并督促双方按照新的约定认真履行。如果协商不成或经过反复沟通,双方仍不能达成一致的,经纪人也可以建议购房人通过诉讼方式来解决问题,经纪人可以协助、配合购房人进行诉讼。

(供稿:姜博)

专题 30 户口迁出

> **导读**
>
> 　　合同约定房屋出售人在房屋过户后 30 日内迁出房屋内原有户口，但是现在日期已经过了，房屋出售人还是没有将户口迁出去，能向法院起诉将户口强制迁出吗？又怎么维护购房人的合法权益呢？

一、未如期迁出户口应当承担的法律责任

　　在二手房交易领域中，户口纠纷是比较常见一个纠纷，那么未如期迁出户口，出售人会承担什么样的法律责任呢？

　　首先，我们需要了解房屋买卖合同中是否有关于出售人在约定的时间内将房屋内原有户口迁出的约定。如果在房屋买卖合同中，出售人和购房人没有关于户口迁出的约定或者购房人同意出售人房屋内原有户口过户后仍然留在交易房屋中，那么出售人和购房人房屋内就户口问题不存在违约行为，违约的前提是出售人和购房人之间有关于交易房屋内户口迁出的约定。若出售人和购房人在房屋买卖合同中有关于出售人在约定时间内将户口迁出的约定，出售人未能在约定时间内将交易房屋内的户口迁出，则属于出售人违约，出售人应按照合同约定承担违约金的赔偿责任。

案例解析——户口迁出纠纷之法院判例

1. 事情经过

　　2011 年 8 月 1 日，购房人张某与出售人徐某签署了房屋买卖合同，约定出售人徐某将上海市浦东新区某房屋出售给购房人张某，房屋总价款为 120 万元；2011 年 11 月 15 日前交房，2011 年 9 月 15 日前办理过户手续，出售人徐某承诺在房地产权利转移之日起 50 日内，向房屋所在地的公安派出所机构办理原有户口的迁出手续，若在前述期限内，被告户口未能迁出的，则每逾期一日，出售人徐某应按照该房地产转让价款的万分之五向购房人张某交付赔偿金，直至户口迁出时止。

2. 纠纷产生

　　购房人张某付清房款后，出售人徐某将交易房屋交付了原告，2011 年 11 月 4 日，交易房屋的产权转移登记在购房人张某名下，但是截至 2014 年 6 月 17 日，出售人徐某未

将其户口从交易房屋内迁出。购房人张某一纸诉状,将出售人徐某告上法庭,要求判令出售人徐某支付逾期迁出户口违约金(从2011年12月24日起计算至2014年6月17日止,共计907天,每天按照600元计算)计人民币544200元整。

3. 法院审理

法院认为,购房人张某和出售人徐某所签订的房屋买卖合同系双方真实的意思表示,不违反法律法规强制性规定,合法有效,双方应按约定全面履行各自的义务,出售人徐某逾期迁出户口的,应当承担违约责任,但购房人张某主张的违约金确实高于实际损失,法院根据公平、诚实信用原则予以调整酌定为50000元。

4. 判决结果

法院最终判决徐某应于判决生效之日起十日内支付购房人张某逾期迁出户口违约金50000元。

5. 法务分析

在上述案例,出售人张某和购房人徐某在房屋买卖合同中已经约定了户口迁出事宜,但是出售人徐某未能在约定时间内迁出户口,已经构成违约,购房人依据合同中关于户口迁出约定以及违约责任条款依法起诉出售人徐某,要求其支付违约金,有理有据,得到了法院的支持,但由于购房人主张的违约金远高于其所遭受到的实际损失,故法院酌情对违约金作了调整,最终支持了购房人5万元的违约金赔偿要求。

本案例部分节选自(2014)浦民一(民)初字第(23105)号判决(来源:中国裁判文书网)。

二、关于户口迁出的注意事项

1. 签约前,要去房屋所在地派出所了解户口政策、房屋内户口状况

对于交易房屋落户和迁出问题,同一个市不同地方的派出所,可能执行的是不同的政策。因此,如购房人对户口迁入有明确要求的,建议在房屋买卖合同签署前,和出售人一起在经纪机构的陪同前往当地派出所,查看交易房屋内的户口状况和当地的户籍政策,以便自己对交易房屋内户口及当地户口规定有明确了解,在此基础上对自己是否签署房屋买卖合同以及合同中关于户口如何约定作出准确的判断。

在这里,特别提示一下:在签约前对交易房屋内户口状况进行了解不仅是对购房人是必要的,而且出售人也应该对自己房屋内户口状况有明确了解,特别是交易房屋已经经过多次流转的,在不少户口纠纷事件中,出售人在过户后准备迁出交易房屋内户口时,发现不仅自己家人户口存在,交易房屋内还存在其他人户口,对于自己家人

> 户口，出售人通过自己努力，都能从交易房屋中迁出，但对于交易房屋内其他户口，出售人只能找到他人协商将户口迁出，但是这种情况，要么他人高额要价给钱，要么消失不见，最终导致出售人未能在约定时间内将交易房屋内户口迁出，从而承担了违约责任。

2. 若购房人对交易房屋有落户需求的，可在房屋买卖合同进行特殊约定

若购房人有落户需求的，且不希望过户后交易房屋内有以往户口存在，应提前了解交易房屋的户口状况以及当地派出所对户口的规定。确定要购买房屋时，为避免纠纷以及降低损失，建议在房屋买卖合同中约定，要求出售人在过户之前将交易房屋中原有户口迁出，若出售人逾期迁出户口，购房人可以拒绝购买房屋，给自己留有充分的余地，这样避免过户后，出售人拒绝迁出户口，购房人为维护自己合法权益付出较大成本的风险。

3. 出售人未按照约定迁出户口，能否要求法院强制迁出交易房屋内户口？

在实践中，当发生出售人未按照约定将房屋内户口迁出时，很多购房人都会有这样的想法，房子已经是我的了，那我能否向法院提出诉讼，通过法院强制迁出交易房屋内的户口呢？

买卖合同纠纷是当事人民事主体之间的民事纠纷，户口管理是属于公安机关的行政行为，户口的迁出和迁入是需要当事人自己按照规定的条件提出申请，公安机关才能依法作出相应的行政行为，公安机关也无权直接迁出户口，若购房人向法院提出要求法院强制迁出户口的诉讼，当前法院是不会受理这类案件，故购房人无法通过法院实现强制迁出户口的目的。若出售人未能在约定的时间内将交易房屋内的户口迁出去，购房人可依据合同的违约条款依法要求出售人支付违约金。

4. 购房人同意交易房屋内原有户口在过户后可以继续保留，如何处理？

为避免日后纠纷，若购房人同意交易房屋内原有户口在过户后可以继续保留在交易房屋中，建议购房人和出售人应当在房屋买卖合同中就此进行书面约定，以保护双方各自的利益，明确户口约定事宜。

三、思考题

购房人小林于2015年6月13日以房屋总价500万元购买出售人小张名下位于北京市朝阳区一套房屋，现交易房屋内有小张和其爱人的户口，购房人小林在签约前已经去房屋所在地管辖派出所了解，在此小区内一房只能落一户，购房人小林在看房前明确告诉经纪人小王其买房主要是为了落户，出售人小张明确表示自己交易房屋过户后一定会

迁出自己和爱人的户口，对于此小林非常担心，害怕小张在过户后，不迁出户口怎么办？

【问题】如果你是经纪人小王，你打算怎么处理此事呢？

【答案】购房人小林落户是其购买房屋的主要目的，如果交易房屋过户后，一旦出售人小张不迁出户口，则购房人小林无法实现其购房之目的，即使说过户后小林主张解除合同，即使法院支持了购房人了小林的诉求（且不论法院能否支持解除房屋买卖合同），那么小林自身也会遭受到很大的损失。因此，从风险防控的角度来说，如果小林有明确落户以及不希望交易房屋存在他人户口的要求，建议在房屋买卖合同中约定，出售人应当在过户前某一个时间将交易房屋内户口迁出，如逾期不迁出，购房人有解除合同，并要求出售人承担违约责任的权利。这样一方面督促出售人在过户前积极办理户口迁出的事宜，另一方面，在很大程度上控制损失的扩大。

（供稿：钱焕章）

五、房屋交易涉及解约、诉讼阶段

专题 31　解约

一、解约场景

（一）合同解除的法律基本概念

合同的解除，是指已成立生效的合同因发生法定的或合同约定的情况，或经合同各方当事人协商一致，而使合同的权利义务关系终止的情形之一。

（二）合同解除的法定条件和约定条件

合同解除的约定条件，根据《合同法》第九十三条的规定，合同各方当事人可以在合同中约定一方解除合同的条件，当满足合同解除的条件时，解除权人可以解除合同。关于合同解除的具体条件，合同各方协商一致即可。比如约定：合同一方迟延履行合同义务超过十五日，另一方可以单方解除合同。

合同解除的法定条件，即满足法律规定的条件，合同当事人可以解除合同。根据《合同法》第九十四条的规定，满足下列条件之一，当事人即可解除合同：
"1. 因不可抗力致使不能实现合同目的；2. 在履行期限届满之前，当事人一方明确表示或者以自己的行为表明不履行主要债务；3. 当事人一方迟延履行主要债务，经催告后在合理期限内仍未履行；4. 当事人一方迟延履行债务或者有其他违约行为致使不能实现合同目的；5. 法律规定的其他情形。"按照上述方式解除合同时，根据法律规定，解除权人应当通知对方，合同自通知到达对方时解除。

（三）思考题

吉吉于 2015 年 3 月 6 日购买了祥祥名下一处两居室，合同中明确约定吉吉应该在 2015 年 4 月 10 日前支付购房首付款 120 万元，但吉吉因为首付款没有筹集到位，截止到 2015 年 4 月 28 日，仍未能向祥祥支付首付款。同时，合同的违约责任条款里约定了，一方迟延履行合同义务超过 15 天，另一方可以单方书面解除合同。经过多次沟通无果后，祥祥于 2015 年 4 月 30 日向吉吉发出了单方解除合同通知书，快递回执显示，吉吉于 2015 年 5 月 1 日签收。

【问题】吉吉与祥祥签订的房屋买卖合同是否已经解除？如果解除，是什么时间解除的？属于约定解除还是法定解除？

【答案】吉吉与祥祥签订的合同已于 2015 年 5 月 1 日解除，系祥祥按照合同约定的条件，进行的单方解除，属于约定解除。

（四）合同解除的相关法律条文

《中华人民共和国合同法》详见第九十二条、第九十三条、第九十六条。

二、解约方式

（一）协商解约

1. 协商解约的概念

根据《合同法》第九十三条的规定，当事人协商一致，可以解除合同。即合同各方当事人对于合同解除事宜，可以进行协商，达成一致，即可解除合同。

2. 协商解约的注意事项

根据《合同法》第九十七条规定，合同解除后，尚未履行的，终止履行；已经履行的，根据履行情况和合同性质，当事人可以要求恢复原状、采取其他补救措施，并有权要求赔偿损失。总结起来，可以概括成以下几项：

（1）已经履行的，是否返还或恢复原状；

（2）有无违约赔偿。

具体到二手房交易当中，即要考虑：定金是否退还？购房款是否需要退还？网签需不需要解除？中介费等服务费用是否需要退还？是否需要腾退房屋？以及防止买卖双方恶意跳开中介的防跳单条款。

3. 思考题

甜甜通过 A 中介签约购买了蜜蜜名下一套三居室，并按照合同约定支付了购房定金 5 万元。双方按照合同约定的时间拿着网签合同去银行办理贷款手续时发现甜甜的银行征信不符合贷款要求，且甜甜没有全款支付的能力，不得已，各方协商一致同意解约。

【问题】作为本单买卖的经纪人，签署三方解约协议时，应注意哪些事项？

【答案】

（1）明确解除的是哪些合同；

（2）明确蜜蜜已收取的 5 万定金是否退还；

（3）明确甜甜需不需要向蜜蜜承担违约责任，如有，进一步明确违约责任的数额、履行方式及时间；

（4）明确中介已收的费用是否退还，如退还，进一步明确退还的数额、时间及履行方式；如尚未支付，是否需要继续支付，如需支付，进一步明确支付的具体数额及时间；

（5）防跳单条款。

4. 解约协议基础范本

<h2 style="text-align:center">解约协议书</h2>

甲方（出售人）：_____

乙方（买受人）：_____

丙方：××××房地产经纪有限公司

鉴于甲方通过丙方居间向乙方出售坐落于_____之房屋，三方分别或共同签署了相关法律文件（文件名称及编号：_____），现经甲乙丙三方友好协商，达成如下协议：

1. 本协议一经生效，甲乙丙三方此前分别或共同签署的所有关于上述房屋买卖、代理及相关协议（无论口头、书面或其他形式）均告解除。除本解约协议书所确定之责任外，甲乙丙三方互不承担其他任何责任。

2. 本协议生效之日起_____个工作日内，甲方应履行下列义务：

（1）办理网签注销手续。

（2）_____

（3）_____

3. 本协议生效之日起_____个工作日内，乙方应履行下列义务：

（1）办理网签注销手续。

（2）_____

（3）_____

4. 本协议生效之日起_____个工作日内，丙方应履行下列义务：

（1）_____

（2）_____

5. 因本协议一方或多方不履行或延迟履行本协议约定事项给其他方造成损失的，违约方应承担赔偿责任。

6. 甲、乙方及其利害关系人（包括但不限于配偶、父母、子女、兄弟姐妹等）自本协议生效之日起一年内不得以任何形式及／或通过任何渠道就上述房屋达成交易。甲、乙方及其利害关系人违反本条约定的，相关方应向丙方全额返还其已退还的代理费。

7. 因签署或履行本解约协议所引起的或与此相关的任何争议，三方应友好协商解决，协商不成的，可向丙方所在地人民法院诉讼解决。

8. 本协议一式三份，三方各执一份。

（以下无正文）

甲方（章）：_____　　乙方（章）：_____
证件名称及编号：_____　　证件名称及编号：_____
联系地址：_____　　联系地址：_____
联系电话：_____　　联系电话：_____
代理人：_____　　代理人：_____

丙方（章）：××××房地产经纪有限公司
住所：_____
房地产经纪人：_____
经纪人资格证书号码：_____
经办人：_____
联系电话：_____

本文件签署日期：_____年___月___日

（二）诉讼解约

1. 可以进行诉讼的场景

场景一：守约方根据合同约定的解除条件，单方解除合同，但另一方有异议，异议一方可以起诉至法院；此种情况多数适用于违约方不同意合同解除而提起诉讼。特殊情况下，由守约方提起诉讼，要求解除包括网签合同在内的交易合同。原因是，虽然守约方可以按照合同约定行使单方解除权，但不能达到合同解除的效果，常见的情况为，不能单方解除网签合同。

场景二：各方对于合同解除均认可，但就合同解除后，是否退还购房款、是否退还定金、需不需要承担违约责任、违约责任的具体数额、中介费是否退还或者支付以及其具体数额等内容不能达成一致，合同当事人可起诉至法院，由法院来审理判决。

场景三：合同当事人就合同解除事宜不能达成一致，即一方要解除合同，一方要继续履行合同，要解除合同一方，起诉至法院要求合同解除。此种情况多适用于违约方要求解除合同而提起诉讼。

2. 起诉指南

起诉并不是想起诉就能起诉，需要符合法律规定的条件，才能算一个合格的起诉。根据《民事诉讼法》第一百一十九条的规定，起诉需要符合以下条件：

（1）原告是与本案有直接利害关系的公民、法人和其他组织；
（2）有明确的被告；
（3）有具体的诉讼请求和事实、理由；
（4）属于人民法院受理民事诉讼的范围和受诉人民法院管辖。

符合以上条件后，还需要一个具体的展现形式，即起诉状，并按照被告人数提供副本。按照《民事诉讼法》第一百二十一条的规定，起诉状应当记明下列事项：

（1）原告的姓名、性别、年龄、民族、职业、工作单位、住所、联系方式，法人或者其他组织的名称、住所和法定代表人或者主要负责人的姓名、职务、联系方式；

（2）被告的姓名、性别、工作单位、住所等信息，法人或者其他组织的名称、住所等信息；

（3）诉讼请求和所根据的事实与理由；

（4）证据和证据来源，证人姓名和住所。

起诉状只有在符合以上法律规定的条件下，法院才会受理立案申请。

附起诉状范本如下：

民事起诉状

原告：姓名、性别、出生年月、民族、工作单位、职业、住址、联系方式。
被告：姓名、性别、出生年月、民族、工作单位、职业、住址、联系方式。
请求事项：
（写明向法院起诉所要达到的目的）。
事实和理由：
（写明起诉或提出主张的事实依据和法律依据，包括证据情况和证人姓名及联系地址）。
此致
××××人民法院

原告人：（签名或盖章）
××××年×月×日

附：1. 本诉状副本×份（按被告人数确定）；
  2. 证据××份；
  3. 其他材料××份。

3. 诉讼流程

诉讼流程，从起诉到审理完毕，一般来说一审3～6个月审理完毕，二审3个月审理完毕。但是根据不同的案件情况，会有不同情况的时间延长，有些案件，从事情发生到处理完毕，经历七八年甚至更长的时间。

通过经纪公司达成交易的买卖双方，如发生纠纷起诉至法院，经办经纪人往往会被要求作为证人出庭作证，此时，如经纪人出庭作证，要注意以下几点：

（1）如实陈述事情经过，提供伪证会承担相应的法律责任。

（2）面对原告、被告、法官的提问，沉着冷静回答，如涉及的问题，确实已不能完整回忆起来，要明确表述"我记不清了"，不能添加判断性的语言，比如"我觉得"、"我

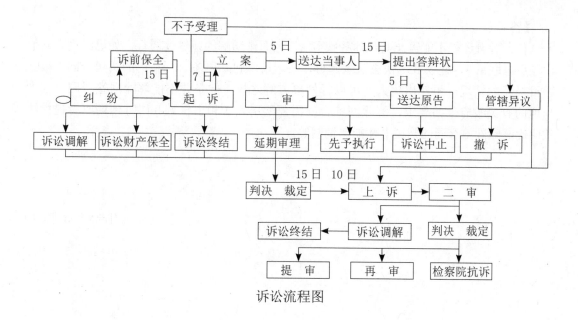

诉讼流程图

认为"等。

（3）不能按照事先拟定好的证词在法庭上宣读。

（4）法官提示对证人证言签字确认时，仔细核对书记员的记录是否与自己的叙述是否一致，确认一致后再签字确认。

4. 诉讼解约的注意事项

（1）起诉的要求要具体明确；

（2）事实和理由要充分，不能自相矛盾；

（3）证据材料要齐全，能够证明主张的事实和请求。

（4）建议客户或者出售人交给专业的律师来处理，术业有专攻，起诉是件很专业的事情，稍有不慎，就有败诉的可能。

5. 思考题

购房人 A 通过经纪机构购买了出售人 B 的一套两居室，签约当日，双方协商定金数额为 10 万元，但 A 当日仅携带了 1 万元，于是协商由 A 向 B 出具了欠定金 9 万元的欠条，并约定了支付时间，同时，A 也没有向经纪机构 M 支付服务费用，同样以欠条的方式进行处理。合同签订后，到了约定的支付剩余定金的时间，购房人 A 却音讯全无，无论经纪人或者出售人 B 想什么办法都不能联系上。签约后，为了合同能够顺利进行，经纪人小钱已经为双方及时地办理了网签手续。现在，A 已经迟延履行合同付款义务超过了 15 天。合同违约责任条款中明确约定了，如购房人逾期付款超过 15 天，出售人可以单方书面解除合同。同时，B 卖房是为了筹集资金买其他房产，且已签订了房屋买卖合同。B 见这种情况，非常着急地找到经纪人小钱，询问该如何处理。

【问题】如果你是经纪人小钱，会给出售人 B 提供什么解决方案？

【答案】

首先看看还能不能再想其他途径找到 A，当面沟通解约或继续履行，如已经没有其他途径可以联系 A，建议 B 尽快去法院起诉，要求解除包括网签合同在内的买卖合同。根据题目描述的情况，虽然出售人 B 可以行使单方解除权，但是并不能解除网签合同。因为当地的有关政府部门要求，解除网签合同需要购房人 A 和出售人 B 同时到场或者提供法院明确解除网签合同的判决书才能撤销网签。

（供稿：张继勋）

租赁篇

专题32 群租房

> **导读**
> 什么是群租房?"群租"法律关系中,出租人和承租人都会面临哪些法律风险?法律对于群租房又是怎样规定的?

一、群租内涵

"群租"并非严格意义上的法律术语,我们只能通过关于租赁的相关规定来界定群租。对于群租房而言,即使在群租的状态下,房子还是作为居住使用,并没有被定性为经营性用房,故"群租"并非"居改非"这种特殊的违法现象,其仍然属于租赁的范畴。"而在私法领域内,当事人双方依法达成合意所形成的法律关系一经确定就形成一种既定的秩序,任何人不得随意破坏"[1]。我国法律规定,民事合同行为只要符合民事法律行为构成要件,且没有《合同法》第五十二条之情形的,特别是违反法律、行政法规的强制性规定的和危害社会公共利益的,应当认定为合法。而当前对群租现象进行规制的国务院部门规章《商品房屋租赁管理办法》以及各地的地方性规章并不属于法律和行政法规之列,故群租房中的每个租赁关系是合法有效的,即租赁合同是有效的。在司法实践中对于群租房的租赁关系的合法性进行保护已经有相关的判例支持。

> 在此需要提醒大家注意的是:"群租"中的每个租赁合同虽然是合法有效的,但是对于"群租"这个整体现象的评价我们需要具体问题具体分析。如果说"群租"是在法律框架之内的,没有违反业主公约的有关规定并且没有损害他人利益,那么这种"群租"是合法的;如果说"群租"是违反了法律法规的规定,并且对相邻关系造成不利影响,那么该种"群租"是非法"群租"。鉴于非法"群租"是国家整治的重点,本文在此主要讨论非法"群租"的相关内容。

(一)群租的定义

住房和城乡建设部颁布的《商品房屋租赁管理办法》第八条规定:"出租住房的,应当以原设计的房间为最小出租单位,人均租住建筑面积不得低于当地人民政府规定的最

---
1 石春玲."群租"的私法关系与私法保护[J].法治论丛,2008(1):19-25.

低标准。厨房、卫生间、阳台和地下储藏室不得出租供人员居住。"北京市住建委发布的《北京关于公布我市出租房屋人均居住面积标准有关问题的通知》第一条规定:"本市住房出租应当符合建筑、消防、治安、卫生等方面的安全条件,应当以原规划设计为居住空间的房间为最小出租单位,不得改变房屋内部结构分割出租,不得按床位等方式变相分割出租。厨房、卫生间、阳台和地下储藏室等不得出租供人员居住。出租房屋人均居住面积不得低于5平方米,每个房间居住的人数不得超过2人(有法定赡养、抚养、扶养义务关系的除外)。法律法规另有规定的,从其规定。本通知所指居住面积,是指规划设计为居住空间的房间的使用面积。"虽然这些规定并不是对群租房的直接定义,但是违反这些规定的,相关部门将会以整治非法群租的名义对其进行处罚,因此这些规定也是我们界定群租概念的一个参考。

结合以上内容,本文认为非法"群租"是指房屋出租方通过改变房屋原来的建筑结构,把房间分割改建成若干小间或者通过增加房屋内的床位等,向尽可能多的承租人分别按间或按床位出租,使得各承租人人均居住面积低于当地人民政府规定的最低标准而形成的房屋租赁关系,其目的在于违规从事经营活动进行牟利。

(二)非法"群租"的特征

1. 承租人数量的特殊性

非法"群租"对于出租人与承租人的资格并无要求。出租人既可以是房屋所有人也可以是使用权,还可以是房屋所有权人委托的经纪机构;而承租人既可以是工友同学,也可以是亲戚朋友,主体资格与普通租赁无异,仅在承租人数量上有很大差别,非法"群租"中的承租人往往在十人以上甚至更多。

2. 出租方式具有特殊性

非法"群租"的出租方式包括:出租人将房间分割为若干小间进行出租和通过增加房屋内的床位进行出租两种情况,这与普通租赁有很大区别。非法"群租"中房屋出租人的目的是通过尽可能多地划分空间以供更多的承租人居住,而普通租赁的出租人往往并不以此为目标。

3. 人均居住面积的特殊性

人均租住面积是区分是否是非法"群租"的最直接最客观的标准。依据《商品房屋租赁管理办法》第八条的规定,各地房屋租赁应当满足当地政府关于最低租住标准的规定,这在一定程度上可以看作是对固定房屋容量内可容纳人数的数量限制。而对于非法"群租"而言,最低居住面积是最直接也是最客观的判断标准,除此外诸如是否改造房屋主体结构、是否改变房屋平面布局以及是否具有安全隐患等都不能作为判断群租的可衡量标准,因为普通房屋租赁也存在这些情况。

二、出租/承租房屋以作为"群租房"的法律风险或后果

（一）承租人面临的法律风险

1. 承租人居住的稳定性难以保障

非法"群租"的群租房屋由于管理不善，乱倾倒垃圾、深夜进出、噪声过大等，都严重干扰了相邻业主的日常生活，侵犯了相邻业主的物权。相邻业主为了维护自己的合法权益，通常会采取投诉或者起诉的方式，这些都会为承租人带来不必要的金钱或时间上的损失。2015年为了加大治理整治力度，首都综治办专门制发了违法群租房举报奖励的指导性工作意见，今后群众举报的违法群租房线索经调查核实后，将获得50至200元不等的奖励。一旦有人投诉，相关部门进而会对非法"群租"现象进行整治，那么承租人便面临迁出居住房屋的问题，居住的稳定性难以得到切实保障。

2. 承租人人身财产安全难以保障

（1）居住环境卫生质量差。群租房屋由于居住人数较多，容易造成居住环境的浑浊，一旦群租房内有人得了传染病，房屋内其他人的生命健康难以确保。

（2）火灾问题易发。由于群租房内乱拉电线、乱接水管等现象普遍，极易发生火灾，并且由于房屋内的结构发生改变，屋内空间狭小，一旦发生火灾，难以逃生，会造成较严重的生命财产损失。

（3）治安问题严重。由于群租房屋内的承租人员较为复杂，且彼此陌生，容易导致群租房屋内以及居住小区内偷窃、吸毒等治安问题。

（二）出租人面临的法律风险

1. 出租人可能面临侵权纠纷

非法"群租"明显是违反《物权法》的相关规定。《物权法》规定业主享有建筑物区分所有权具体包含三方面的内容：一是对专有部分的所有权；二是对建筑区划内的共有部分享有的共有权；三是对共有部分享有共同管理的权利。业主享有建筑物区分所有权的同时，必须履行相应的义务，即在出租房屋的过程中不能损害其他业主的相邻权，而非法"群租"必然会导致公共资源的过度使用，损害到其他业主的合法权利，属于民事侵权行为，会面临其他业主的投诉或者诉讼。

2. 出租人可能面临合同纠纷

与普通的租赁相比较，非法"群租"涉及的法律关系较为复杂，因为有更多的人参

与到租赁行为中,那么出租人与承租人之间因为租赁合同问题产生纠纷的可能性更高。最常见的情形是:如果出租人将房屋进行出售,但是合同租期都还未届满,如果出租人不同意腾房,这时候就涉及租赁合同的履行问题、承租人优先购买权问题以及业主已经签署的买卖合同无法履行交房义务等问题。

3. 出租人可能面临行政处罚

《北京市住房和城乡建设委员会关于本市住房城乡建设系统参与房屋违法出租问题治理工作有关事项的通知》第二条规定:"出租房屋安全责任主体为房屋产权人。对确实无法联系房屋产权人的,相关职能部门可出具书面申请,到区县房屋登记部门查询房屋登记信息。对已经查实但拒不整改的,由区县住建(房管)部门责成区县交易登记部门,暂停办理该套房屋网签及产权登记手续,并在交易权属系统中注记。待违法违规情况消除后,方可取消相关限制。"另外,出租人如果将房屋进行非法"群租",一般不会按照规定如实进行出租登记备案手续,依据《北京市房屋租赁管理若干规定》责令改正,处200元以上500元以下的罚款;此外由于出租的群租房屋极易出现安全隐患,出租人为了降低成本,不会及时进行安全检查,一旦房屋存在治安、消防隐患,相关部门会责令改正,并处1000元以上3万元以下的罚款;再者,一旦群租房的承租者利用出租房屋进行犯罪活动的,出租人不向公安机关报告的,会处200元以上500元以下罚款。

(三)房地产经纪机构面临的法律风险

1. 行政处罚

《北京市住房和城乡建设委员会关于本市住房城乡建设系统参与房屋违法出租问题治理工作有关事项的通知》第四条规定:"房地产经纪机构及经纪人员不得参与房屋违法出租。对涉及违法出租的经纪机构及人员,一经查实,从严从重处理,限制网签、高限处罚。"

2. 刑事处罚

《北京市住房和城乡建设委员会、北京市公安局、北京市规划委员会关于公布我市出租房屋人均居住面积标准的通知》第三条规定:"房地产经纪机构及经纪人员应依法开展房屋租赁经纪业务,不得为违反本规定的房屋租赁当事人提供经纪服务,不得参与或者教唆他人参与违反本规定的租赁行为。经纪机构及经纪人员违反本规定的,依法查处,记入信用档案,并向社会公示;涉嫌犯罪的,依法追究刑事责任。"

由此可见,房地产经纪机构及其经纪人员进行违法出租的行为,轻则行政处罚,重则有可能构成刑事犯罪,追究刑事责任。

三、群租房相关法律条文

(一)《中华人民共和国合同法》

详见第二百一十二条。

(二)《物权法》

详见第七十条、第七十一条、第七十二条、第七十七条、第八十四条和第九十条。

(三)《商品房屋租赁管理办法》

详见第六条、第二十一条、第八条和第二十二条。

(四)《北京市房屋租赁管理若干规定》

详见第十六条、第十七条、第十八条、第二十条、第二十一条、第二十三条和第三十五条。

(五)《北京市住房和城乡建设委员会关于本市住房城乡建设系统参与房屋违法出租问题治理工作有关事项的通知》

详见第二条和第四条。

(六)《北京市住房和城乡建设委员会、北京市公安局、北京市规划委员会关于公布我市出租房屋人均居住面积标准的通知》

详见第一条和第三条。

(供稿:王萌)

专题 33　经济适用住房租赁

> **导读**
> 　　经济适用住房是面向城市低收入住房困难家庭供应的住房。根据相关政策法规，个人购买的经济适用住房在取得完全产权以前不得用于出租，但是许多人不清楚。本专题将分析经济适用房是否可以出租以及出租后的法律后果等内容。

一、什么是经济适用住房？

（一）基本概念

　　经济适用住房是指政府提供政策优惠，限定套型面积和销售价格，按照合理标准建设，面向城市低收入住房困难家庭供应，具有保障性质的政策性住房。由国家统一下达计划，用地一般实行行政划拨的方式，免收土地出让金，对各种经批准的收费实行减半征收，出售价格实行政府指导价，按保本微利的原则确定。
　　经济适用房相对于商品房具有3个显著特征：经济性、保障性、实用性。是具有社会保障性质的商品住宅。

（二）经济适用房一般原则性法律规定

　　1994年由建设部、国务院房改领导小组、财政部联合发布的《城镇经济适用住房建设管理办法》指出，经济适用住房是以中低收入家庭、住房困难户为供应对象，并按国家、住宅建设标准建设的普通住宅。经济适用住房的价格按建设成本确定，建设成本包括征地拆迁费、勘察设计及前期工程费、建安费、小区内基础设施配套建设费、贷款利息、税金、物业的管理费。
　　2007年11月19日，中华人民共和国建设部、中华人民共和国国家发展和改革委员会、中华人民共和国国土资源部、中国人民银行共同发布了《经济适用住房管理办法》，对经济适用住房的优惠政策、开发建设、价格确定、交易管理、集资和合作建房、监督管理等作出了规定。
　　按照《经济适用住房管理办法》的规定，经济适用住房购房人拥有有限产权。购买经济适用住房不满5年，不得直接上市交易，购房人因特殊原因确需转让经济适用住房的，由政府按照原价格并考虑折旧和物价水平等因素进行回购。

同时购买经济适用住房满5年，购房人上市转让经济适用住房的，应按照届时同地段普通商品住房与经济适用住房差价的一定比例向政府交纳土地收益等相关价款，具体交纳比例由市、县人民政府确定，政府可优先回购；购房人也可以按照政府所定的标准向政府交纳土地收益等相关价款后，取得完全产权。

值得注意的是个人购买的经济适用住房在取得完全产权以前不得用于出租经营。

二、经济适用住房出租的风险

按照我国相关法律法规的规定，房屋租赁，一般是指房屋所有权人将房屋出租给承租人居住使用或提供给他人从事经营活动及以合作方式与他人从事经营活动的行为。

根据相关政策法规，个人购买的经济适用住房在取得完全产权以前不得用于出租经营。因为经济适用住房的土地性质是划拨，是由国家将土地使用权无偿提供给经济适用住房购房人使用，国家为解决低收入人群的住房困难已经牺牲了该部分土地的收益。如果将经济适用住房出租，则属于经营范畴，违背了国家向其出售经济适用住房的初衷。从整体公平的角度看，出租经济适用住房前需要补缴收益是合理的。

另外，北京地区规定，经济适用住房在取得完全产权前严禁出租，否则将由区县住房保障部门责令购房人退回已购住房或者按照同地段商品房价格补足购房款，并且5年内不得再次申请保障性住房。

概括来讲，经济适用房出租的风险通常有以下几种：

1. 租赁合同无效，不受法律保护

经济适用住房出租，损害了社会公共利益，损害了广大符合经济适用住房购买资格而没有房住的城市低收入住房困难家庭的购买权和居住权。因为经济适用住房资源是有限的，每年都有大量的有购买资格的人在苦苦等待轮候的机会。因此，如果经济适用住房出租了，租赁合同无效，不受法律保护，法院实际也是以损害社会公共利益认定合同无效。

2. 收回房屋

政府发现后应该按原购进价格，扣除相应的折旧费用后退还余下的房款，收回房屋。

3. 租户从承租的经济适用住房内搬出

经济适用住房出租因违反经济适用住房不得出租的相关规定，所签租赁合同无效。确认合同无效后，租户应当返还该房屋及相关物品，同时恢复原状。

4. 如果是通过经纪机构出租的情形

经济适用住房不得擅自改变房屋用途，不得擅自转租或转借他人居住。因违反经济适用住房不得出租的相关规定，所签委托代理出租的合同无效。确认合同无效后，经纪

机构应当返还讼争房屋及相关物品，同时恢复原状，第三人应由讼争房屋内迁出。

同时根据《关于加强经济适用住房管理有关问题的通知》规定：房屋登记、租赁管理机构办理房屋权属登记、租赁备案登记时，要比对住房保障部门提供的有关信息。对已购经济适用住房的家庭，不能提供住房保障部门出具的书面意见的，任何经纪机构不得代理买卖、出租其经济适用住房；房屋租赁备案管理机构应当暂停办理其经济适用住房的租赁备案，房屋登记机构应当暂停办理该家庭购买其他房屋的权属登记，并及时通报住房保障部门。

> 租房者在租房时，需要了解您所购的房屋的性质。如果是经济适用住房或者是其他保障性住房，您应该谨慎承租，尽量咨询律师的意见；经济适用住房房主在出租该房屋时需取得完全产权；经纪机构对已购经济适用住房的家庭，需要其提供住房保障部门出具的书面意见才能出租。

三、经济适用住房租赁相关法律条文

（一）《经济适用住房管理办法》

详见第三十条和第三十三条。

（二）《关于加强经济适用住房管理有关问题的通知》

（七）市、县住房保障部门应当定期或不定期对经济适用住房使用情况（包括自住、闲置、出租、出借、出售以及住房用途等）进行检查，也可委托经济适用住房管理单位定期对上述情况进行调查。新建经济适用住房小区（包括配建经济适用住房）进行前期物业管理招投标时，可以将相关委托内容作为招标条件，并在临时管理规约和前期物业服务合同中明示。

（八）在取得完全产权前，经济适用住房购房人只能用于自住，不得出售、出租、闲置、出借，也不得擅自改变住房用途。

（十一）经济适用住房上市交易，必须符合有关政策规定并取得完全产权。住房保障部门应当对个人是否已缴纳相应土地收益等价款取得完全产权、成交价格是否符合正常交易、政府是否行使优先购买权等情况出具书面意见。

房屋登记、租赁管理机构办理房屋权属登记、租赁备案登记时，要比对住房保障部门提供的有关信息。对已购经济适用住房的家庭，不能提供住房保障部门出具的书面意见的，任何中介机构不得代理买卖、出租其经济适用住房；房屋租赁备案管理机构应当暂停办理其经济适用住房的租赁备案，房屋登记机构应当暂停办理该家庭购买其他房屋的权属登记，并及时通报住房保障部门。

（十六）购房人违反本通知第（五）条规定，以虚假资料骗购经济适用住房的，一经查实，立即责令退还；违反本通知第（八）条规定，违规出售、出租、闲置、出借经济适用住房，或者擅自改变住房用途且拒不整改的，按照有关规定或者合同约定收回；违反本通知第（九）条规定，对其高消费行为不作出说明，不配合资产核查、公示，或不能作出合理解释的，视同以虚假资料骗购经济适用住房。

对有上述情形的购房人，取消其在5年内再次申请购买或租赁各类政策性、保障性住房的资格。

（十七）经济适用住房建设单位、中介机构和其他组织、个人有违法违规行为的，要依法依规予以处理，并记入诚信档案。

国家机关工作人员在经济适用住房建设、管理过程中滥用职权、玩忽职守、徇私舞弊的，依法依纪追究责任；涉嫌犯罪的，移送司法机关处理。

（供稿：曾丽华）

专题 34 廉租住房

一、廉租住房的基本概念及相关法律规定

（一）廉租住房的基本概念

廉租住房是在国家房改政策中提出的一种概念，是指政府以租金补贴或实物配租的方式，向符合城镇居民最低生活保障标准且住房困难的家庭提供社会保障性质的住房。

廉租住房的保障方式以发放租赁住房补贴为主，实物配租为辅，所谓发放住房补贴是指住房保障管理部门向符合条件的申请家庭，按照规定的标准发放一定的租金补贴，由其自行到市场上租赁住房；而实物配租的方式则是由住房保障管理部门直接向符合条件的申请家庭提供住房，并按照其家庭收入的一定比例收取租金。

（二）廉租住房的用途

《北京市城市廉租住房管理办法》第五章第 25 条对于廉租住房的用途做出了明确规定："廉租住房只能用于申请家庭及其成员自住，不得转租、转借以及从事居住以外的任何活动。"

而《北京市城市廉租住房申请、审核及配租管理办法》第六章第 29 条从反面对违反廉租住房用途的行为做出了规定："享受廉租住房保障的家庭有下列情况之一的，由区（县）住房保障管理部门做出取消保障资格的决定，收回承租的廉租住房，或者停发租房补贴：（四）擅自改变房屋用途，经劝告不改正的；（五）将承租的廉租住房转借、转租的；"

综上可知这种具有社会保障、福利性质的廉租住房只可以用于符合申请条件的困难家庭自行居住，不可将廉租住房出借或出租，否则将被取消享受廉租住房保障的资格。

（三）擅自改变廉租房用途的后果

《北京市城市廉租住房申请、审核及配租管理办法》第六章第 30 条进一步对改变廉租住房自主用途的后果进行了规定："对享受租房补贴的家庭，住房保障管理部门停发租房补贴。享受实物配租的家庭，应当在 6 个月内将承租的廉租住房退回住房保障管理部门，并结清相关费用。"由此可知，将廉租住房出租给他人的，廉租住房将会被住房保障管理部门收回。

二、出租/承租廉租住房的法律风险或后果

假设甲为合格的廉租住房承租人，甲将本应用于自住的廉租住房转租给了乙，并签

订了房屋租赁合同,此租赁合同的效力时怎样的呢?甲和乙作为廉租住房的出租人和承租人又将分别承担哪些法律风险呢?

(一)房屋租赁合同的效力

从协议的主体分析,甲是符合申请廉租住房租住条件的租住人,拥有廉租住房所有权的是政府的廉租住房管理机构。甲作为租户对于廉租住房只有使用的权利,无所有权、处分权,当然也不享有转租权。根据我国《合同法》关于租赁合同的规定,承租人不能擅自将租住房屋转租他人,如要转租需要经过出租人的同意,在未经出租人同意的情况下,该协议无效。而对于廉租住房而言,法规明确规定不得转租,擅自将廉租住房转租的行为必然无法得到追认。

从廉租住房的性质分析,它是国家和政府为了帮助低经济收入家庭解决住房困难而建造,具有社会公共福利和社会保障性质,并非所有人都有权租住。甲擅自将廉租住房转租他人,实际上侵害了其他还未分配到廉租住房的申请人的权益。

《最高人民法院关于审理城镇房屋租赁合同纠纷案件具体应用法律若干问题的解释》中有这样一条规定,出租人知道或应该知道承租人存在转租行为的,但在六个月内未提出异议,后以承租人未经其允许请求法院认定转租合同无效的法院不予支持。该规定将转租合同认定为效力待定合同,但对于廉租住房而言,该解释第一条第三款有特别规定,即"当事人依照国家福利政策租赁公有住房、廉租住房、经济适用住房产生的纠纷案件,不适用本解释"。所以,即使转租廉租住房的行为管理部门未在六个月内发现或者未在六个月内采取措施,转租合同也不因此有效。

(二)廉租住房出租人面临的法律风险

将廉租住房擅自转租给他人的甲将面临两方面的法律风险,第一,甲将被取消廉租住房的承租资格,而其租住的廉租住房也将被限期收回;第二,根据《合同法》第五十八条、第五十九条规定:合同无效或者被撤销后,因该合同取得的财产,应当予以返还。不能返还或者没有必要返还的,应当折价补偿。有过错的一方应当赔偿对方因此所受到的损失,双方都有过错的,应当各自承担相应的责任。甲乙间的转租协议无效,甲需要将已收取的租金返还给乙,且甲对于该协议的无效存在过错,需赔偿乙因此受到的损失。

(三)廉租住房承租人面临的法律风险

乙作为廉租住房的次承租人在转租协议被认定无效,廉租住房被管理部门收回后将无法实现其租住房的目的,其次,乙仅可向甲主张返还租金和赔偿损失的请求,可能需要付出大量的时间精力,甚至需要承担金钱上的损失。

综上所述,对于廉租住房的转租经纪人是不可以进行操作的,否则将面临极大风险。

三、廉租住房租赁相关法律条文

（一）《中华人民共和国合同法》

详见第五十八条和第五十九条。

（二）《廉租住房保障办法》

详见第五条、第二十五条和第二十六条。

（三）《北京市城市廉租房住房管理办法》

第二十五条　廉租住房只能用于申请家庭及其成员自住，不得转租、转借以及从事居住以外的任何活动。

第二十八条　享受廉租住房保障的家庭有下列行为之一的，由区县住房保障管理部门收回其承租的廉租住房，或者停止发放租房补贴：

（一）将承租的廉租住房转借、转租的。

（二）擅自改变房屋用途的。

（三）连续6个月以上未在廉租住房内居住的。

（四）《北京市城市廉租住房申请、审核及配租管理办法》

第二十九条　享受廉租住房保障的家庭有下列情况之一的，由区（县）住房保障管理部门做出取消保障资格的决定，收回承租的廉租住房，或者停发租房补贴：

（一）未如实申报家庭收入、家庭人口、住房、资产等状况的；

（二）家庭人均收入连续一年以上超出廉租住房政策确定的收入标准的；

（三）人均住房面积超出规定的住房保障标准的；

（四）擅自改变房屋用途，经劝告不改正的；

（五）将承租的廉租住房转借、转租的；

（六）连续六个月以上未在廉租住房居住的；

（七）连续三个月或累计超过六个月未交纳房租的；

（八）其他违反合同约定行为的。

（供稿：高畅）

专题 35 二房东

> **导读**
> 我与他人合租了一间房子,签完合同才发现出租给我房子的是一个"二房东"。"二房东"信誓旦旦地保证我们能租住半年,结果没两个月原来的房东出现了,要我们立刻腾房。我该怎么办?

一、什么是"二房东"

"二房东",顾名思义,是与原房东不同的权利人。老百姓口中的"二房东"多指的是在城市里,通过向原房东整体承租住房,然后提高租金再整体或分别转租出去进而获得利润的"特殊租客",因为一般租客接触不到原房主,因此转租人也被称为"二房东"。从法律意义上来讲,"二房东"指的是直接与不动产所有权人,即出租人订立租赁合同的第一承租人,其与一个或多个次承租人继续订立租赁合同而成为"二房东"。

二、与无转租权的"二房东"订立房屋租赁合同的法律风险和后果

(一)租客可能面临的法律风险

转租是一种特殊的租赁关系,由于合同有相对性的特点,即租赁关系分别存在于出租人与转租人("二房东"),以及"二房东"与租客之间,而原来的出租人与租客之间并不存在直接的合同关系。在实际生活中,出于各种原因,往往出租人并不愿意将自己的房产整体或分别转租给自己不知道的租客,这样的话,一旦"二房东"未经出租人许可转租,就有可能招致纠纷。同时,《合同法》第二百二十四条规定:"承租人未经出租人同意转租的,出租人可以解除合同。"这样一来,很容易造成一种情况:由于租客才是租赁物的实际使用人,因此一旦"二房东"违背原租赁合同导致出租人解除合同,要求收回房屋,则直接受到损害的必然是租客的利益。

(二)次承租人(租客)保障自己的合法权利

第一,可以要求返还租金。租客可以要求"二房东"退还自房屋返还之日起剩余时

间的房屋租金。租客在预付租金后，有权在相应的期限内租住房屋，但因为原来的出租人要求腾房，导致无法继续租住的，次承租人有权追索未履行部分的租金。

第二，可以要求"二房东"赔偿损失。租客可以要求赔偿中介费、装修损失、租金差价损失等。

（1）中介费损失。由于"二房东"在转租过程中有可能会通过中介机构将房屋转租，因而租客需要向中介机构交付一笔中介费。由于"二房东"违约导致出租人要求腾房，租客因此无法继续租住的，按照已租赁期间与剩余租赁期间的比例，可以向"二房东"（如中介机构对此不知情）主张相应比例的中介费。如果中介机构明知"二房东"违约，则同样需承担一部分赔偿。

（2）装修损失。如果租客在征得"二房东"同意后（也只能征得"二房东"的同意，因为租客一般不认识房东）对房屋进行必要的装修，因"二房东"没有转租权利导致租户被迫腾房，不能再继续在装修房屋内居住，租户可以要求"二房东"赔偿剩余租赁期内装饰装修剩余价值。装修损失只能由"二房东"承担，不知情的房东不承担该损失。同时，要求装修损失赔偿的范围仅限于剩余还未住满的租期内的装修剩余价值。

（3）租金差价。对于一些签订长期租赁合同的租客来说，一旦合同被提前解除，必然要花更多的钱才能租到一样的房屋。这种租金差价对于租客来说也算是一种损失，可以向违约方要求赔偿。然而需要注意的是，这种损失在理论上是成立的，但在实际操作中，租客再次租赁的房屋必须与原房屋在位置、面积、户型、楼层及内部设施方面存在相似的可比性，才能得到法院的支持。

第三，可以要求违约金赔偿。违约金取决于租赁合同本身的约定。违约金的主要目的是为了弥补违约给守约方造成的损失，因此在约定违约金时应以弥补损失为限度，不能毫无限制地约定或者要求违约金赔偿。

第四，可以要求代"二房东"支付拖欠房租。根据《城镇房屋租赁司法解释》第17条的规定，次承租人有权代为清偿转租人对出租人的债务，包括并不限于支付租金、违约金等义务。司法解释这么规定的目的在于维护租赁关系的稳定，合理保护无过错的房东和租客双方的合法权益。租客代"二房东"支付拖欠房东的租金及违约金等费用后，即可继续租住该房屋。租客代为偿还的拖欠房租，可以向"二房东"追偿。

案例解析——罗某等诉李某等房屋租赁合同纠纷案

1. 案情经过

罗某、陈某是位于武侯区某处1层房屋（建筑面积83.34平方米）和2层房屋（建筑面积99.9平方米）的所有权人。2007年7月，罗某与沈某签订《房屋租赁合同》，将上述房屋出租给沈某使用，租期为2007年7月6日至2012年7月5日，其中2012年7月5日前最后半年月租金为15000元／月；合同第四条第2项约定："租赁期间，乙方未经甲方同意，不得将铺面转租、转让给第三方经营使用。如乙方擅转租，甲方有权终止协议，并以乙方违约论，在不影响租金的情况下可协商，乙方并承担协议更改费壹仟元整给甲方"。

2. 纠纷产生

2012年7月6日，罗某和陈某两人前去收房时才发现，沈某将一层房屋转租给了李某，二层房屋转租给了梁某。罗某二人要求沈某等三人返还房屋，三人拒不返还，且拒绝支付费用。租赁期届满后，李某和梁某均未向罗某返还房屋且未支付任何费用。2012年8月2日，李某转租的1层房屋被打砸。李某报警后，接警派出所通知告罗某到场了解情况并进行调解，但二人未就收房等事宜达成一致。后李某未再继续经营，并通过派出所多次联系过罗某，仍未达成一致。

2012年12月5日，李某将房屋钥匙交回涉案商铺物业管理处。庭审中，原告自认其已于2012年12月5日收回涉案商铺1层房屋。2012年11月8日，武侯区人民法院受理了罗某、陈某诉李某、梁某、沈某租赁合同纠纷案。

3. 法院审理

原告罗某、陈某请求法院判令被告返还成都市武侯区1、2层房屋并连带向原告支付自2012年7月6日起至返还房屋之日的房屋占有使用费。

被告沈某辩称，他已经过原告同意将房屋转租给李某和梁某，后两人直接向原告缴纳租金，沈某不应当承担返还房屋和支付房屋占有使用费的责任。

被告李某辩称，他只租用一层房屋。2012年7月31日至2012年8月2日之间，原告指使他人打砸被告经营场所，被告即停止经营。后被告通知原告接收房屋，原告一直拖延，被告不应承担此期间的房屋占有使用费。

被告梁某缺席审判未作答辩。

法院在审理中认为，原告罗某、陈某与被告沈某签订的《房屋租赁合同》约定租期至2012年7月5日届满，且该合同第四条第2项明确否定了被告沈某享有转租的权利。房屋租赁期满以后，承租人沈某负有向出租人罗某、陈某返还租赁房屋的义务。由于没有确实证据能够证明转租人已经向出租人提出转租并经过同意，因此应当认为转租人未经出租人同意而出租房屋，属于非法转租，出租人享有解除合同或者认定转租合同无效的权利。现被告沈某在合同到期后不返还房屋缺乏法律依据，故其应承担支付房屋逾期占有使用费的责任。

对于被告李某和梁某，依据《房屋租赁合同司法解释》第十八条之规定，"房屋租赁合同无效、履行期限届满或者解除，出租人请求负有腾房义务的次承租人支付逾期腾房占有使用费的，人民法院应予支持。"李某和梁某作为未经出租人同意转租的次承租人，在原告与沈某合同到期后占有使用房屋缺乏法律依据，应当承担向原告返还房屋及支付房屋占有使用费的义务。因被告李某在原告起诉后已于2012年12月5日归还其占有使用的房屋，而被告梁某所转租房屋于2013年7月11日已依法腾退并由原告接收，故被告沈某、李某、梁某不再承担返还房屋的义务，但仍应支付占有使用费用。

关于李某是否应当承担2012年8月2日至2012年12月5日期间的房屋占有使用费的问题。法院认为，本案占用费计算期限应以涉案房产实际返还时间为止算点，而不以实际占用人停止经营时间为止算点。本案中，在李某经营的商铺被打砸一事的原因尚未查明的情况下，应支付占用费至2012年12月5日。该部分占用费作为因打砸事件的直接损失，应在打砸事件当事人及原因查明后，向实际侵权人另案主张。

4. 判决结果

"被告梁某因另案经本院执行，于2013年7月11日被依法强制迁离涉案房产，并经本院将涉案房产交付原告，在此期间应计算占用费，具体应按照5000元/月的标准，自2012年7月6日起计至2013年7月11日共计60000元。

综上所述，根据《中华人民共和国合同法》第二百二十四条第一款、第二款、第二百二十六条、第二百三十五条、《中华人民共和国民事诉讼法》第一百四十四条之规定，判决如下：

一、被告李某自本判决生效之日起十日内向原告罗某、陈某支付房屋占有使用费50000元；

二、被告梁某自本判决生效之日起十日内向原告罗某、陈某支付房屋占有使用费60000元；

三、被告沈某对被告李某、被告梁某上述房屋占有使用费支付义务承担连带支付责任；

四、驳回原告罗某、陈某的其他诉讼请求。

案件受理费2860元，由被告梁某承担700元，被告沈某承担1300元，被告李某承担600元，原告罗某、陈某承担260元。诉讼保全费1270元，由被告梁某承担300元，沈某承担670元，李某承担300元。"

5. 法务分析

笔者选取的案例较为简单，案件事实清楚，当事人之间的争议也比较明确。

房东罗、陈二人在租赁合同中早已明确写明不允许"二房东"擅自转租，因此沈某转租的行为明显不合法。但在很多情况下，租赁合同中双方有时候并不会作出这种具体规定，这时候，"二房东"是否征得房东的同意是能否转租的关键。而在此案例中，被告沈某虽然声称经过了原告的同意才进行转租的，但是由于他的说法没有任何确实的证据来支持，例如相关的录音、录像，经过原告签字的声明等，所以法院并没有采纳他的说法。这也提示我们经纪人，在操作有争议的业务单子时，一定要及时保存各种形式的证据，以备有可能发生的复杂情况。

本案例部分节选自（2013）武侯民初字第4820号判决。

三、与"二房东"签订租赁合同的注意事项

1. 租户应当要求查看原租赁合同

由于转租关系复杂，涉及前后租赁关系较多，作为租户，为了切实维护自身的合法权利，应当要求"二房东"出示与出租人订立的原租赁合同。如果租户出于"二房东"

的信任,并未对于原租赁合同进行审核,将会产生很大的法律风险。查看原租赁合同意味着要对于出租人是否有房屋产权证,转租人是否获得转租权,以及原租赁合同和与转租人签订的转租合同在约定的租赁期限上是否重合等事项都认真审查。如果原租赁合同约定模糊不清,甚至出现重大漏洞,租户应终止与租户签订转租合同。

2. 租户可以要求转租人提供出租人同意转租的声明

一般来说,如果出租人在和"二房东"订立的原租赁合同中不约定转租权,则"二房东"需经出租人同意以后才能转租。因此,对于租户来说,在订立租赁合同时,最稳妥的方法就是要求转租人提供有出租人签章的同意转租声明,并取得声明的原件。这种证据在诉讼中,对于出租人主张的因非法转租解除合同的主张,抗辩力最强。

3. 租户可以要求与原房主通话并询问是否同意转租

在没有同意转租声明的情况下,保险起见,租户可以要求与原房主通话并询问原房主有关转租的事宜,并保存电话录音。

4. 租户应当尽量找正规、负责的经纪机构

一般而言,"二房东"在出租房屋的时候会选择经纪机构进行租房的居间服务,这对于租户来说有利也有弊。如果选择的经纪机构规模小,不正规,有很大可能经纪机构不会对于原合同进行实质审查,也就无法替客户对出租房屋进行把关,一旦发生出租人以未经许可转租而要求收回房屋,客户将会面临"付了房钱又没处住"的境地,十分被动。因此,在租房过程中,租户应当尽量找正规、负责的经纪机构,尽量规避法律风险。

四、思考题

2007年3月,齐某与张某双方签订租赁合同,约定齐某将其所有的经过简装修的房屋以每年10万元的价格出租给张某使用,期限十年,房租每年一付。如张某拖欠房租超过3个月,齐某有权解除合同。合同还约定,张某接收房屋后,若需要对房屋进行重新装修,应当征得齐某的书面同意。合同签订当日,齐某将房屋交付给张某使用,张某同时支付了一年房租10万元。2007年4月,齐某出国工作。2007年5月,由于街区租金大涨,张某通过房屋A中介将房屋的一层转租给刘某,租金每年12万元。张某对房屋租赁A中介承诺出租人同意转租,A中介未向出租人核实。合同约定租金每年一付,租期与齐某与张某之间合同租期相同。合同同时约定,涉案房屋的产权人为齐某。刘某并未查看原租赁合同就匆匆与张某签下合同,并于当天搬入房屋。刘某签订合同后,如约向张某支付租金,并进行装修(经张某同意)后从事经营活动。后张某由于资金周转不灵,仅向齐某支付了2007年房租,拖欠了2008年房租。2009年6月,齐某回国,发现张某将房屋转租并装修,通知张某解除合同,同时要求刘某返还房屋,并恢复房屋原装(去除装修)。

张某以出国前口头询问过齐某为由,称齐某同意转租;刘某以 A 中介和张某未告知转租权状况为由,不同意解除合同,退还房屋。

【问题】如果你现在被告知负责此单,你认为张某转租行为是否合法?齐某、张某和刘某之间责任应当如何分担?作为一个优秀的经纪人,你应该如何较为妥善的解决这类问题?

【答案】

(1)由前文中对于无转租权的"二房东"的法理分析我们可以知道,合同中没有约定,同时又没有取得出租人同意的转租属于非法转租,出租人可以解除租赁合同,要求归还房屋。因此,在出租人齐某没有同意转租的情况下,张某将房屋转租给刘某的行为属于无权转租,齐某可以据此要求解除合同,收回房屋。张某声称出国前口头询问过齐某,但是缺乏足够的证据支持其主张。另外,齐某虽然出国两年,但是根据《城镇房屋租赁纠纷司法解释》第十六条规定,出租人齐某应当在知道或者应当知道转租事实的六个月内提出异议。本案例中齐某回国后自知道转租之时即提出解除合同,属于有效异议。

(2)由于张某转租给刘某的行为属于非法转租,因此在齐某解除合同通知到达之时,刘某就应当返还房屋。由于张某尚欠有 2008 年的房租未付,因此张某应先清偿房屋租金。由于刘某和张某拒不归还房屋,因此应当承担自合同解除之后占有使用房屋的使用费,实践中一般与房屋租金相等。由于刘某装修房屋仅经张某同意,而合同约定必须由出租人同意才能够对于房屋进行装修,因此刘某也应按照齐某的要求,对房屋恢复原状。

同时,刘某由于解除合同归还房屋,以及恢复房屋原状产生的损失可以向转租人张某追偿,原因是因为张某与刘某签订的转租合同由于张某无转租权而无法履行,张某应当承担由于违约导致的次承租人刘某的损失,包括且不限于租赁其他房屋多付出的价款以及剩余租赁期内装饰装修剩余价值和恢复店面原状的支出。

(3)作为一名经纪人,我们要做的就是尽量为客户考虑周全,规避法律风险。在此案例中,经纪人在为张某提供租赁的经纪服务时,首先要做的就是要核验张某与出租人齐某订立的原租赁合同,其中是否有对于转租权的约定。在条件允许的情况下,尽量联系到出租人询问其是否同意转租,或者取得出租人同意转租的声明。同时,为了尽到对于客户的责任,经纪人应当尽可能地提醒客户,关注原租赁合同对于转租权和装修等事宜的约定,在替客户减少风险的同时也为经纪机构减少风险。

如果经纪机构尽到自身义务后,仍然发生了此种转租纠纷的,一般情况下客户会面临"交了房租没房住"的困境。这时,经纪机构应配合客户向违约的转租人追索损失。

五、"二房东"相关法律条文

(一)《中华人民共和国合同法》

第二百二十四条 承租人经出租人同意,可以将租赁物转租给第三人。承租人转租的,承租人与出租人之间的租赁合同继续有效,第三人对租赁物造成损失的,承租人应当赔偿损失。

承租人未经出租人同意转租的,出租人可以解除合同。

(二)《最高人民法院关于审理城镇房屋租赁合同纠纷案件具体应用法律若干问题的解释》:

详见第十六条、第十七条和第十八条。

(供稿:董晓瑞)

专题 36　商业店铺租赁

> **导读**
>
> 　　我与出租人签订了一份商铺租赁合同，最后却发现该商铺无法办理营业执照，导致我无法继续经营，我该怎么办？签订商铺租赁合同的时候，有哪些注意事项？

一、商业店铺概念

　　商业店铺，顾名思义，是作为商业用途的店铺。以区别于以居住功能为主的住宅，以工业生产功能为主的工厂等。商业店铺通常指用于各种办公、零售、批发、餐饮、娱乐、健身、休闲等经营用途的店铺，从经营模式、功能和用途上区别于普通住宅、公寓、别墅等房地产形式。由于商铺与一般住宅的功能不同，因此一些在住宅租赁中无需特别考虑的问题，在签署商铺租赁合同时，却要特别注意防范风险，否则容易引起合同履行的纠纷。

二、签署、履行商业店铺租赁合同的注意事项

1. 查清房屋性质、房屋权属、房屋租赁登记备案等情况

　　签署商铺租赁合同前，应查看房产证原件或到房管局查询，确认房屋的类型为商业用房，土地用途为非住宅性质，避免后续因房屋性质非商业用房导致无法办照，引起行政处罚及合同纠纷。确认房屋的所有权人以及该房屋是否有租赁的登记备案信息，避免房屋权属不明或有其他租赁关系导致纠纷。

2. 免租期

　　由于出租人交付房屋后，承租人需对房屋先行装修，而不能立即开始办公营业。在此种情况下，双方往往约定免租期，免租期内出租人免除承租人装修期间的租金，但免租期内发生的水、电、暖、燃气、物业费等相关费用仍由承租人承担。在签署的商铺租赁合同时，要明确免租期的起止时限，明确免除承租人租金，明确承租人应承担的费用。

3. 税费承担

　　根据相关法律法规的规定，出租或转租房屋需要承担相应的税费，在租赁合同中应

当明确税费的承担方或者承担比例。

4. 营业执照

承租商铺的目的是为了开展经营,而开展经营的首要条件是取得营业执照,否则无照经营将面临予以取缔,没收违法所得以及最高5万元以上50万元以下的罚款的行政处罚。因此在商铺租赁合同中必须明确约定办理营业执照的权利义务及违约责任。通常来说,无法办理营业执照主要存在以下情况:

(1)商铺上原本已经登记备案的租赁合同尚未注销导致无法取得新的租赁登记备案,因而无法办理营业执照。

(2)商铺上原本已经注册营业执照,并且没有注销或迁移,从而导致在一个商铺上无法再次注册新的营业执照。

(3)房屋类型非商业用房,无法注册营业执照。

(4)因出租人材料缺失导致无法办理营业执照。

(5)特殊的经营行业如娱乐餐饮等,需要经过公安、消防、卫生、环境等部门检查合格,取得治安许可证、卫生许可证后方能办理营业执照。

双方当事人应当明确发生上述五种情况时如何分配违约责任,为后期营业执照的办理以及无法办照时追究违约责任提供合同基础。

5. 装修

由于商铺租赁中,承租人往往需要支付大笔的装修费,因此在租赁合同中,应当明确装修的有关问题。

(1)明确约定出租人是否同意承租人进行装修,约定"承租人装修需经过出租人同意的",属于约定不够明确,容易在后期引发纠纷。另外,可将装修图纸、方案、门头、户外广告的方案一并作为附件,取得出租人同意。同时要注意的是,装修、安装门头及户外广告,不仅需要出租人同意,还需要经过物业同意,还涉及邻里关系的协调。因此最好事先征求物业同意,并实地勘察装修及门头安装是否会侵犯邻里的合法权利,避免后期纠纷的产生。

(2)由于承租人支付了大笔的装修费,因此出租人提前解约时,不仅应当支付违约金,还应约定赔偿装修损失。在法律上,由于违约金具有补偿性,通常法院不会既支持赔付违约金又支持赔偿损失,但双重的约定使得承租人可以优先选择有利的方案,达到双重保护的结果。

(3)租赁双方应当明确合同期满或者提前解除合同时候,装饰装修物如何处置。承租人是否需要恢复原状或按原状返还房屋即可,已经形成附和未形成附和的装饰装修物如何处理等。

(4)明确约定如承租人装修损害房屋主体结构,给房屋造成严重损害等情况,承租人应当承担的违约责任。

6. 水、电、电话线等特殊问题

对于一些特殊行业,可能对于水、电、电话线有特殊需要,一般公共资源无法满足。

因此承租商铺前可先行考察能否满足使用需求，如无法满足，则应当在合同中约定如何办理水电的扩容、增量，以及如何分配费用。并且应当约定，如最终仍无法满足承租方使用需求时，承租人拥有免责解约的权利。

7. 转租

承租人在经营过程中，可能面临经营困难难以为继，或者需要搬迁营业地址等情形，此时可以选择转租或者提前解约达到止损的目的。由于提前解约通常需要赔付违约金，因此租赁合同中最好明确约定转租的相关事宜。

（1）租赁合同中应当明确承租人是否有转租权，如约定"承租人转租需经过出租人同意的"，该种约定仍不够明确，容易在合同履行中产生纠纷。承租人将房屋转租的情况下，次承租人需办理营业执照，因此可以在合同中约定出租人在承租人转租的情况下配合办理营业执照的相关问题。

（2）实践中，一般承租人会向次承租人索要转让费作为转租房屋的对价，该种约定并没有违反法律的强制性规定，只要是双方合意，就受到法律的保护。此时作为次承租人，最好在转租合同中明确约定一些重大情形：如无法办照、无法装修等情况下，承租人应当返还次承租人转让费。

8. 房屋租赁登记

房屋租赁登记，并不影响租赁合同的效力，也就是说，即使未经过登记备案的租赁合同，在双方签字盖章的时候，也已经发生法律效力。

房屋租赁登记在一房数租的情况下具有一定的意义，根据法律规定，在一方数租，且数份合同均合法有效，承租人均主张继续履行合同的情况下，人民法院按照下列顺序确定履行合同的承租人：已经合法占有租赁房屋的；已经办理登记备案手续的；合同成立在先的。因此已经办理登记备案手续的承租人可以优先尚未办理的承租人成为合同的承租人。

此外一些地方的工商局规定，租赁合同没有经过备案登记的，不能取得营业执照。

9. 租金

签订房屋租赁合同时，应明确房屋租金的支付时间、支付方式及发票等相关问题。值得注意的是，在承租人不交付或逾期交付租金的情况下，出租人应当积极行使自己的权利，不应当过分拖延时间，怠于行使收取租金、收回房屋的权利。否则根据《合同法》第一百一十九条当事人规定："一方违约后，对方应当采取适当措施防止损失的扩大；没有采取适当措施致使损失扩大的，不得就扩大的损失要求赔偿。"举例而言，承租人拖欠租金，出租人拖了一年才向法院起诉要求承租人支付租金，那么法院可能仅支持半年的租金。

10. 提前解约

由于市场变化或者承租人经营方针的变动等原因，租赁双方均有可能提前解约。对于提前解约，应当明确约定提前解约应当提前多久通知，通知的形式应当是书面的，以及提前解约如何办理租金、押金、各项费用结清、返还房屋的手续。最重要的是，应当明确提前解约的后果。如前所述，可以约定一定的违约金，同时承租人可以要求装修损失赔偿。提前解约通常产生的纠纷是，出租人因不愿意提前解约，因此拒不办理相关手续也不接收房屋。此时，不管是否为提前解约，哪怕是租赁合同已经到期，承租人都应当向出租人发出通知函，告知承租人要提前解约，要求出租人前来办理相关手续。如出租人未予以配合，则承租人可以保留搬离房屋的证据，比如搬家公司的搬家单据或拍照、录像等，并将违约金及钥匙予以提存，并通知承租人。如承租人仅仅是一走了之，由于没有证据证明承租人已经搬离房屋，因此哪怕租赁合同已经到期，或者，哪怕已经发了解约通知函，承租人也需继续承担房屋的租金。

（供稿：陈双美）

专题 37 违章建筑

> **导读**
> 什么是违章建筑？出租或承租违章建筑合同效力如何？出租方或承租方相关权利是否能依法得到保障？

一、违章建筑的法律概念

违章建筑，是指在城市规划区内，未取得建设工程规划许可证或违反建筑工程规划许可证的规定建设的，或采取欺骗手段骗取批准而占地新建、扩建和改建的建筑物。违章建筑主要包括以下几类：

（1）未申请或申请未获得批准，并未取得建设用地规划许可证和建设工程规划许可证而建成的建筑物；

（2）擅自改变建设工程规划许可证的规定建成的建筑物；

（3）擅自改变了使用性质建成的建筑物；

（4）临时建筑建设后超过有效期未拆除成为永久性建筑的建筑物；

（5）通过伪造相关材料向主管部门骗取许可证而建成的建筑物。

二、出租/承租违章建筑的法律风险或后果

1. 事件经过

北京市一家建筑公司与某私营业主刘某于 2010 年 8 月 30 日签订《房屋租赁合同》，约定建筑公司将坐落于大兴区一间 15 平方米的平房及一处 50 平方米的库房出租给刘某，租赁期自 2010 年 9 月 1 日起至 2011 年 8 月 31 日止，租金为 18000 元。

2. 纠纷产生

因管理层决策，建筑公司欲收回上述场地另作他用，于是于 2011 年 8 月 8 日提前通知刘某租赁期限届满后终止续租，但租期届满后经建筑公司催促，刘某拒不腾房。建筑公司由此提起诉讼，请求法院判令刘某将上诉场地腾空交还，并给付 2011 年 9 月 1 日至 2012 年 9 月 30 日的延期使用费 19500 元。

刘某辩称：签订租赁合同时，建筑公司负责人曾承诺可以租赁3～5年，所以刘某投入很大，并且在租赁过程中因所租房屋漏雨、物品被盗及建筑公司私自断水断电，受到了很大损失。故刘某认为，建筑公司诉求没有法律依据，请求法院驳回。

3. 法院审理

除基本事实外，经法院审理另查明，上述两处房屋系原告未经相关部门许可私自搭建的违章建筑。被告已向原告支付2010年9月1日至2011年8月31日的租金18000元。

4. 判决结果

法院认为，涉诉的两处房屋均系违章建筑，故原、被告签订的《房屋租赁合同》无效。造成该合同无效，原告应负主要责任，故对原告要求被告给付2011年9月1日至2012年9月30日延期使用费的请求不予支持。考虑到原告对上述两处房屋所占用的土地有使用权，被告应将上述房屋腾空交还原告。据此，法院作出如上判决。

5. 法务分析

随着市场经济的发展，采取房屋租赁的方式租用办公场地或库房的情况日益增多，尤其是一些违章建筑的租赁纠纷，屡见不鲜。有人认为，违章建筑的租赁合同应该认定为有效合同，因为《合同法》中并没有明确房屋出租人必须是出租屋的所有权人，且违章建筑的建造人占有、使用违章建筑，还可以附带有收益的权能，因此认为违章建筑人可以把建筑物出租而获得收益。笔者认为这种观点明显站不住脚，《合同法》虽没有明确规定，但《城市房地产管理法》第53条却明文规定了租赁合同中出租人应该是出租物的所有权人，而且《城市房屋租赁管理办法》以及一些地方性法规也都有明文规定违章建筑不得出租。同时，根据《最高人民法院审理城镇房屋租赁合同纠纷案件具体应用法律若干问题的解释》第二条规定，出租人就未取得建设工程规划许可证或者未按照建设工程规划许可证规定建设的房屋订立的租赁合同无效，但在一审法庭辩论终结前取得建设工程规划许可或者经有批准权的行政机关准予建设的，可以认定有效。由此可以看出我国的立法是不承认违章建筑租赁合同的效力的。

结合本案案情，笔者认为：没有取得建筑规划许可证的建筑为违章建筑，法律对违章建筑予以否定的态度，必然决定也不保护因违章建筑产生的收益。本案出租标的系违章建筑且在一审法庭辩论终结前未取得相应的建筑工程许可证，合同应认定为无效。法院对原告请求被告支付逾期使用费的请求不予支持系合法合理的判决。事实上，依照《民法通则》第一百三十四条的规定法院可以对非法活动的所得予以收缴，以惩罚违章建筑出租扰乱正常的房屋租赁市场的行为。但本案中，法院并没有"多管闲事"，仅就原被告双方请求进行了处理亦无可厚非。

另外，根据《合同法》关于无效合同的规定，因无效合同取得的财产，应当予以返还；不能返还或没有必要返还的，应当折价补偿。有过错的一方应当赔偿对方因此所受到的损失，双方都有过错的，应当各自承担相应的赔偿责任。本案中出租方隐瞒了出租房屋为违章建筑的事实而导致合同无效，因此，出租方应根据自己的过错责任承担缔约过失责任，被告有权向原告主张因合同无效而导致的损失，只可惜，本案判决前本书没有出版，被告没有据此反诉原告，主张自己的权益。另外，假设承租人明确知晓该房屋为违章建筑而选择承租的，可以认定为对于导致合同无效"双方都有过错"，应当各自承担相应的赔偿责任。

以上阐述的观点，大部分都属于出租方即违章建筑建造人的法律风险和不利后果。但事实上，承租方也同样存在很大风险：首先，违章建筑可能随时遭到监管部门的拆除，导致无法继续居住使用、经营仓储等直接经济损失，已付租金可能也很难向出租房追索；其次，违章建筑通常为私搭乱建的行为，建筑物质量存在很大的安全隐患，随时可能因为年久失修坍塌毁损，给承租人经济造成巨大损失，甚至产生生命、健康等无可挽回的损失，得不偿失。

> 承租方应尽到合理的注意义务，签署租赁合同前必须查验承租房屋产权证明文件及业主身份信息，避免承租违章建筑造成不必要的损害，同时还能规避部分其他常见的房屋租赁纠纷，如无权出租、擅自转租等。

三、违章建筑相关法律条文

（一）《城市房屋租赁管理办法》

第四条　公民、法人或其他组织对享有所有权的房屋和国家授权管理和经营的房屋可以依法出租。

第六条　有下列情形之一的房屋不得出租：
（一）未依法取得房屋所有权证的；
（五）属于违法建筑的。

（二）《城市房地产管理法》

第五十三条　房屋租赁，是指房屋所有权人作为出租人将其房屋出租给承租人使用，由承租人向出租人支付租金的行为。

（三）《最高人民法院审理城镇房屋租赁合同纠纷案件具体应用法律若干问题的解释》

第二条　出租人就未取得建设工程规划许可证或者未按照建设工程规划许可证的规定建设的房屋，与承租人订立的租赁合同无效。但在一审法庭辩论终结前取得建设工程规划许可证或者经主管部门批准建设的，人民法院应当认定有效。

(四)《中华人民共和国合同法》

第五十八条 合同无效或者被撤销后，因该合同取得的财产，应当予以返还；不能返还或者没有必要返还的，应当折价补偿。有过错的一方应当赔偿对方因此所受到的损失，双方都有过错的，应当各自承担相应的责任。

(五)《民法通则》

第一百三十四条 承担民事责任的方式主要有：
(一) 停止侵害；
(二) 排除妨碍；
(三) 消除危险；
(四) 返还财产；
(五) 恢复原状；
(六) 修理、重作、更换；
(七) 赔偿损失；
(八) 支付违约金；
(九) 消除影响、恢复名誉；
(十) 赔礼道歉。
以上承担民事责任的方式，可以单独适用，也可以合并适用。
人民法院审理民事案件，除适用上述规定外，还可以予以训诫、责令具结悔过、收缴进行非法活动的财物和非法所得，并可以依照法律规定处以罚款、拘留。

(供稿：朱政先)